Ética contra Estética

Coleção Estudos
Dirigida por J. Guinsburg

Equipe de realização – Tradução e notas adicionais: Newton Cunha; Revisão de pro
Iracema A. Oliveira e Marcio Honorio de Godoy; Sobrecapa: Sergio Kon; Produ
Ricardo Neves e Sergio Kon.

Amelia Valcárcel

ÉTICA CONTRA ESTÉTICA

Título do original em espanhol
Ética contra Estética

© 1998, Amelia Valcárcel, Oviedo

Dados Internacionais de Catalogação na Publicação (CIP)
(Câmara Brasileira do Livro, SP, Brasil)

Valcárcel, Amelia
    Ética contra estética / Amelia Valcárcel ; tradução e notas adicionais de Newton Cunha. — São Paulo : Perspectiva : SESC, 2005. — (Estudos ; 209 / dirigida por J. Guinsburg)

    Título original: Ética contra estética.
    ISBN 978-85-273-0716-1

    1. Estética 2. Ética I. Guinsburg, J. II. Título. III. Série.

CDD-111.85   05-1545 -170

                  Índices para catálogo sistemático:
                      1. Estética : Filosofia 111.85
                      2. Ética : Filosofia 170

1ª edição

[PPD]

Direitos em língua portuguesa reservados à
EDITORA PERSPECTIVA LTDA.
Av. Brigadeiro Luís Antônio, 3025
01401-000 São Paulo SP Brasil Telefax:
(11) 3885-8388
www.editoraperspectiva.com.br
2019

Sumário

Nota Introdutória – *Danilo Santos de Miranda* IX
Prefácio – *Roberto Romano* XI
Apresentação.. XVII

I 1
II..11
III...21
IV 29
V..37
VI 45
VII...57
VIII..65
IX 75
X..83

A Lluís Alvarez,
meu melhor amigo e constante interlocutor

Nota Introdutória

Este ensaio da filósofa espanhola Amelia Valcárcel, que analisa com argúcia e fineza as relações históricas entre o bem e o belo, ou seja, entre a ética e a estética, chega ao público brasileiro como mais uma iniciativa conjunta do Sesc e da Editora Perspectiva na edição de textos inéditos. O primeiro deles foi a *Sociologia Empírica do Lazer*, de Joffre Dumazedier; o segundo, o extenso *Dicionário Sesc, A Linguagem da Cultura*, de Newton Cunha; o terceiro, *Ética e Cultura*, por mim organizado, constituiu o registro integral de 14 conferências pronunciadas pelo mesmo número de autores em um seminário homônimo, também produzido pelo Sesc.

Percebe-se que todos os temas tratados mantêm, justificadamente, vínculos estreitos com os programas e as finalidades socioculturais de nossa instituição. Mas, para além desse limite, dizem respeito a uma compreensão mais ampla da cultura e a um modo de agir mais adequado em nossa sociedade. É que a existência fundamental, mas única, do *homo faber et oeconomicus* não esgota as possibilidades do ser humano. Sob um determinado ponto de vista, as limita e, portanto, empobrece. Há que haver preocupações com o entendimento do mundo, com as condutas privada e social, com a sensibilidade e o sentido das ações intramundanas. Daí a necessidade dos livros até aqui elaborados ou traduzidos e editados.

Danilo Santos de Miranda
Diretor Regional do Sesc de São Paulo

Prefácio

"Falar mal, falar muito ou não falar o bastante são defeitos comuns da língua. Digo proporcionalmente o mesmo sobre a pena. Escreve-se mal, escreve-se às vezes muito, e às vezes não se escreve o bastante"[1]. Hoje, enterrados os tempos em que a elegância definia a escrita e a fala, percebemos os estragos da mídia e da semicultura. Após séculos de controle e disciplina para determinar o perfeito *decorum*, pouco resta da ética normativa e dos valores bons e belos. A idade moderna começou com o sinal da grosseria: *In hoc signo vinces*. "Sapatos de chumbo nos pés dos homens, nunca asas em suas costas" dizia Francis Bacon, para acentuar que a leveza no bailado se conquista apenas com exercícios rigorosos, e isto exige bons costumes e disciplina. Um gramático do século XVI, talvez Roger Ascham, afirmava: se uma nobre comparece ao baile da corte e está melhor vestida do que a rainha, ela é indecorosa; se ostenta roupas menos enfeitadas do que as de suas iguais, também se cobre de indecoro. Assim a escrita: se abusa das imagens, ela despreza o leitor e torna-se falastrona, exibida. Se não as usa, ofende o senso estético de quem abre um livro.

Exemplos às centenas desse refinado cálculo que determina o decoro foram recolhidos no trabalho antigo, até hoje fonte de análise, escrito por Rosemund Tuve sobre a imagética renascentista[2]. No século XVIII, a

[1]. "Parler mal, parler trop ou ne pas parler assez sont des défauts ordinaires de la langue. Je dis à proportion la même chose au sujet de la plume. On écrit mal, on écrit quelquefois trop, et quelquefois on n´écrit pas assez". Abbé Dinouart, *L´arte de se taire*, 1771, Paris, Jerome Millon, 1987.

torrente verbal inundou a cultura e levou de roldão a fineza, os bons modos. É a democracia em marcha, inclusive na língua. Tudo se fala, tudo se compra, tudo se expõe em público, tudo se vota. E a escrita transforma-se no espetáculo indecente dos sacerdotes da nova religião niveladora, os "artífices das boas palavras e dos intermináveis discursos, espantosos faladores e polígrafos, falastrões de boca e de pena"[3].

A inflação verbal aumentou com o romantismo conservador ou progressista na exata medida em que o decoro perdeu o domínio das mentes e da escrita. Os palavrosos levantam ondas discursivas que banalizam sentidos e razões e jogam melaço em frases radiosas, cativam inocentes. Chegaram as teses sobre a "sinceridade" como critério ético e estético, as batidas cardíacas como sinal de verdade e beleza[4]. "O romantismo é a ressonância do século XVIII, uma espécie de…exaltação em grande estilo (na realidade, um belo exemplo de histrionismo e de autoengano: se desejava representar a *natureza forte*, a *grande paixão*)". (Nietzsche)

Schopenhauer, certeiro como sempre, acusou o ponto relevante na maré verbal que dominou a cultura moderna: os falastrões da ética e da estética seriam, no seu entender, apenas isto: desonestos. Seu juízo moral captou e demoliu as catedrais sistemáticas edificadas por Schelling, Hegel, amigos e filhotes. Mas o elemento moral não basta para descrever o inominável horror da modernidade. É preciso acrescentar uma análise propriamente estética.

"Schopenhauer acusou asperamente a época de Hegel e Schelling de desonestidade. Não levemos, entretanto, em consideração a moral; Hegel é um gosto…e não apenas um gosto alemão, mas europeu"[5]. O resultado encontra-se em Victor Hugo (vagalhões de palavras) e na música de Richard Wagner, suprema retórica hegeliana da Ideia. Com o controle sistemático da sensibilidade, notável em Hegel, Wagner poderia mesmo dizer, contra toda a estética, uma "verdade" lógica supostamente objetiva: sua música "não era apenas música, mas infinitamente mais!" A sensibilidade dobrada pela razão ética conduziu, denuncia Nietzsche, à "submissão ao real. Já o sucesso de Hegel contra o 'abuso da sensibilidade'…depende do elemento fatalista do seu modo de pensar, da sua crença de que a razão está mais no lado vencedor,

---

2. Rosemund Tuve, *Elizabethan and Metaphysical Imagery: Renaissance Poetic and Twentieth-Century Critics*, Chicago, University of Chicago Press, 1947.
3. Georges Daniel, *Fatalité du secret et falalité du bavardage au XVIIIe siècle. La Marquise de Merteuil et Jean-François Rameau*, Paris, Nizet, 1966.
4. M. H. Abrams, *The Mirror and the Lamp. Romantic Theory anf Critical tradition*, Oxford, University Press, 1953.
5. "Hegel ist ein Geschmack…Und nicht nur ein deutscher, sondern ein europäischer Geschmack!". F. Nietzsche: "Der Fall Wagner", em G. Colli, e M. Montinari (orgs.), *Werke*, Berlin, Walter de Gruytre & Co. 1969, V. I, p. 30. Na tradução italiana, cf. G. Colli, e M. Montinari (orgs.), *Il caso Wagner*, Milão, Mondadori, 1981, p. 26.

da sua justificativa do 'Estado' real (em vez da 'humanidade' etc.)"[6].

"Sentido é a palavra maravilhosa que remete ao mesmo tempo para o lógico e o corporal" disse Hegel. Assim temos a unidade entre ética e estética, mas com predomínio da primeira sobre a segunda. E o mundo "superior" da filosofia e do Estado mostra-se como o destino fatal dos humanos. As artes entoam o hino do "ainda não" no triunfo do Absoluto em forma do *logos* imperial, na pessoa de Sua Majestade Napoleão Primeiro. Lamber as botas de semelhante ser divino é tarefa da fala e da escrita, naturalmente sob o tacão da censura. Fala-se em demasia, escreve-se em demasia, bajula-se em demasia. Como o silêncio é raro e caro!

Não é sem motivos que o livro de Amelia Valcárcel tem como referência Wittgenstein. Quando se trata dos nexos entre ética e estética, dada a tradição do palavrório e da perda quase definitiva de todo *decorum*, é quase impossível não repetir enunciados gastos ou cobertos pela poeira do lugar comum e do pedantismo. Não esqueçamos que Wittgenstein é o mesmo que enunciou o tremendo veto do *Tratactus*: "O que não podemos falar, devemos manter em silêncio". Em *Ética contra Estética* a autora, fina analista de problemas axiológicos e políticos, com prática nos debates e polêmicas da vida social, abre um campo de estudos originalíssimo. Conhecedora a fundo das doutrinas expostas pelo idealismo alemão[7] ela não se limita à exegese enfadonha das "grandes ideias" nem aplica de modo arbitrário os filosofemas aos eventos e atos. Amelia Valcárcel descortina ângulos diferentes, dobra as frases dos pensadores e mostra o que elas podem esconder ou revelar, sempre em situações concretas.

Não encontrará o leitor nas páginas seguintes um "tratado de ética" ou de "estética", mas um rico rendilhado de noções e de problemas. Com mão segura e sensível, a filósofa domina a escrita polida (sem os jargões excludentes usados e abusados pelas seitas universitárias) com primor. Encanta seguir suas passagens de Hegel a Schopenhauer e deste a Bergson, Kierkegaard e, *last but not least,* Wittgenstein.

---

6. F. Nietzsche, Fragmentos recolhidos por Colli e Montinari, ed. italiana cit., p. 274.

7. São absolutamente necessárias as leituras de dois livros seus, estratégicos para o debate sobre a crise atravessada pelas democracias ocidentais (existiriam democracias não ocidentais?) : *Hegel y la Ética* (1987) e *Del Miedo a la Igualdad* (1993). Neles, a autora, "que não tem frio nos olhos" (traduzo a exata expressão francesa) enfrenta ao mesmo tempo os clássicos da ética e os critica com destemor e razões, mas também coloca-se como obstáculo ao filistinismo das cátedras, na Espanha ou no mundo. A linguagem desabrida e livre por ela utilizada é a perfeita expressão do *decorum*, se entendermos por esta prática o hábito de dizer as coisas como elas são, sem enfeites, sem bajulações, sem subterfúgios. A sua ensaística, onde se insere o presente livro, não reside nas prateleiras mofadas ou nas cópias (do tipo executado pelas máquinas xerox) dos autores clássicos. Ela os pensa e critica, testa os seus enunciados nas conjunturas políticas, morais, estéticas. E apresenta suas conclusões, sempre polêmicas e provisórias, pensando *diante do leitor*.

Cada um destes nomes possui um "proprietário", singular ou coletivo, que o explora no grande mercado das ideias. Surgem os especialistas no segundo parágrafo da *Crítica da Razão Pura*, ou os doutores que dominam perfeitamente as primeiras linhas da *República*, ou enfim, os iluminados que interpretam os primeiros parágrafos de *O Capital*. Com a carta patente nas mãos, cada um deles explora (o termo é exato) ou especula (mais exato ainda) na infindável venda e compra de prestígio, bolsas de estudo, assessorias governamentais etc. A raiva dos magistrais universitários será grande ao passear por estas páginas brilhantes e inteligentes: existe muito dos "clássicos" nas linhas de Valcárcel, mas nelas se percebe uma individualidade que pensa com autonomia diante (e se preciso, contra) dos procedimentos acadêmicos oficiais.

Se o leitor me permite uma sugestão, proponho o seguinte: após ler e reler as análises da autora, com o encantamento que brota de seu livro, consulte um volume da Revista *Autrement*, anterior a *Ética contra Estética*[8]. Ali, vários escritores se interrogam sobre as divisões antigas entre ciência e arte. Uma colaboradora, Monique Sicard, enuncia o difícil diálogo entre os artistas e os que se dedicam à ciência: "Se os criadores reivindicam uma atividade de 'pesquisador', inversamente os cientistas usam palavras que pertencem por vezes mais ao vocabulário da estética do que da ciência. Eles falam em 'sentimento estético difícil de transmitir', de um 'brilho enceguecedor devido à beleza dos fenômenos ou de suas explicações'. Sim, a pesquisa científica gera autênticos choques emocionais. Faltam palavras então para dizer e as pessoas se dirigem para um novo vocabulário. Como falar da emoção da descoberta? Que escondem as palavras? As que dizem 'pureza', 'revelação' não induziriam a certa desconfiança? O 'encanto' das partículas não existiria apenas para camuflar, precisamente, a ausência desse encanto? As palavras não teriam como função mascarar a austeridade e o rigor dos trabalhos científicos?"[9].

Questões próximas podem ser dirigidas aos nexos de continuidade ou contradição entre ética e estética. Durante muitos anos, por exemplo, o pensamento marxista procurou fugir de todo "esteticismo", dada a tragédia nazista. Mas, como diz o cineasta Syberberg (ele mesmo um personagem polêmico), resultou desta fuga apenas o monopólio do estético pelos admiradores do pensamento nazista, enquanto aos cérebros de esquerda ficaram apenas os esquemas lógicos que se traduziram no fatalismo hegeliano da Revolução que nunca honrou suas promessas.

No MIT, após a catástrofe que tombou sobre Hiroshima, físicos e engenheiros que idearam os artefatos nucleares tentaram "salvar"

---

8. Cf. *Autrement*, nº 158, out. 1995. Título da edição: "Pesquisadores ou Artistas? Entre Arte e Ciência, eles Sonham o Mundo" (Chercheurs ou Artistes? Entre art et Science, ils rêvent le monde).

9. *Idem*, "Art et science: la chute du mur?", p. 33.

as sensibilidades dos jovens estudantes e futuros tecnocratas lhes ensinando estética. Para isto, artistas foram contratados, criando um Departamento específico. Com o tempo surgiu a surpresa: os artistas adquiriram respeitabilidade na instituição como pesquisadores, mas seu grande contributo foi o trabalho com manipulação de imagens usadas na propaganda e na TV (expressões quase sinônimas) da guerra. Por exemplo, no primeiro conflito do Golfo[10]. Estética contra ética e ética contra estética, a questão permanece e deve ser pensada.

Com mão segura, Amelia Valcárcel introduz os problemas filosóficos da atualidade e não poupa palavras, não as mastiga. Longe da "sinceridade" ao modo de Carlyle e dos românticos (cujo patrono é Rousseau), ela não expõe sua subjetividade ou idiossincrasias teóricas, mas se instala no terreno perigoso de dois impérios, inimigos desde o momento em que Platão expulsou o poeta e o artista do Estado ético. Mas o abismo entre os campos foi trabalhado pelas pontes lançadas, não raro no vazio, por escritores que, à semelhança de Valcárcel, rompem barreiras no ato de pensar. Eles, como Spinoza, desconhecem limites noéticos. Instalados em cátedras ou delas ausentes, tais seres irrequietos representam perigo para os "queimadores de livros" (expressão saborosa e realista de Jacques le Goff sobre os mestres universitários) que desejam manter os territórios bem guardados pelas taxionomias e etiquetas.

Há um fenômeno brasileiro que todos conhecem: a pororoca, encontro das águas escuras com as mais claras de um rio, no Amazonas. O estrondo causado pelo choque atemorizou os índios que o nomearam pela onomatopeia *Poroc-poroc,* o barulho destrutivo. O livro em sua mão, leitor, é uma autêntica pororoca espiritual. Nele, encontram-se as ondas violentas da ética e as que derivam da estética. Nele, é destruído o remanso das águas costumeiras, o que fornece um sopro vital para quem deseja respirar o mundo para além das estreitas e estritas margens acadêmicas. Cuidado com a navegação nessas águas. Bom proveito diante da esplêndida paisagem que se descortina, graças ao trabalho de Amelia Valcárcel.

Parabéns ao Sesc e à Editora Perspectiva por mais este contributo de fôlego à cultura brasileira.

Roberto Romano

---

10. Cf. Judith Epstein: "Contrechamp outre-Atlantique: les dérives d´une politique", *Autrement, op. cit.*, p. 204 e ss.

Apresentação

Não quero enganar ninguém: este é um livro de filosofia. E o que pode oferecer um livro de filosofia a um mundo complicado que confia em soluções rápidas e em expertos? Os filósofos cuidam de elaborar pensamentos para nós. O pensamento é a energia mais sutil e necessária de quantas existem. Às vezes, consiste em esboçar uma imagem global. Às vezes, em corrigir a existente com um repertório de precisões. A considerável idade da filosofia não a impede de ser ágil. A ética e a estética são apenas duas de suas formas possíveis e a acompanham desde o mais remoto passado.

Em estado puro, a ética se ocupa do bem e a estética, da beleza. Aparentemente, pois nem o bem nem a beleza existem em si, independentemente das coisas. No mundo da vida, tudo anda de modo bastante misturado. Deixa perceber realidades em que o bem, a beleza e a verdade, mas também o mal, a fealdade e a impostura se combinam. Isto não é novo e quando a filosofia deu seus primeiros passos tampouco a situação era muito diferente. O mundo da vida é um fluxo para o qual as ideias procuram estabelecer uma ordem. Platão pensou que assim devia ser. As ideias seriam puras e fixas, como parecem ser o bem e a beleza, e suas encarnações frágeis e mutáveis. Mas houve tantas filosofias quanto mundos, o que nos leva a pensar que o mesmo fluxo do mundo da vida também ocorre no mundo imaginário, ideal.

Ao entrarmos no terceiro milênio, sentimos a mesma urgente chamada de ordem que ressoa nos primeiros textos filosóficos. Claro que alguns mais do que outros, alguns com mais talento e possibilidades do que outros, mas todos concordamos que o que existe é *pensável*. Não nos deixamos arrastar sem mais em seu fluir e exigimos, de vez em quando, "parar o tempo e descermos" para ver o que é. Naturalmente, em semelhante propósito existe, sobretudo, imaginação: ninguém pode nem pôde jamais fazer tal coisa. Um filósofo do século XX, Wittengstein, o expressou com absoluta clareza: "Contemplar o mundo *sub specie aeterni* é contemplá-lo como um todo – um todo limitado. Sentir o mundo como um todo limitado – isso é o místico"[1].

Durante os anos de docência, em quase todos os cursos tive de encarar o desafio de expor o *Tratactus* de Wittenstein. Este filósofo, que passa por um dos mais destacados do século XX, é, pelo menos, um dos mais influentes. Suas pegadas ou impressões marcam profundamente toda a filosofia anglo-saxã e, com o passar do tempo, vão ocupando o repertório continental com mais força. Tanto o *Tratactus* quanto suas *Investigações Filosóficas* são relevantes para a teoria do conhecimento, para a filosofia da linguagem, a ontologia, a ação comunicativa, o pensamento da pós-modernidade, para a lógica e várias outras questões que vieram à tona nos últimos quarenta anos. Apesar disso, poucas vezes se percebe que a maior influência de Wittenstein se produziu nos campos da metafísica e da ética. E só recentemente começou-se a explorar os paralelismos entre seu pensamento e o de Heidegger. O primeiro que assinalou de maneira incisiva a continuidade entre o suposto antimetafísico Wittenstein e o metafísico por excelência Heidegger foi Vattimo. Toda vez que tive a oportunidade de com ele comentar a agudeza dessa percepção, limitou-se a dizer-me que tal continuidade é evidente e percebê-la está ao alcance de qualquer um. Ambos são filósofos no limite, obcecados pelas grandes e perenes questões, exploradores absolutos, tensos e generalistas[2].

Minha aproximação com Wittenstein foi, em princípio, muito mais escolar e mesmo tópica, em decorrência de minha formação nos anos 1970, na Universidade de Valência, quando as correntes da filosofia anglo-saxã tornaram-se-me familiares. Embora tenha dedicado ao idealismo alemão meus primeiros anos de trabalho, não pude situar Wittenstein a não ser no contexto da filosofia moral inglesa e supor-lhe, com razão, na origem da metaética contemporânea. Assim, no começo, as estranhas afirmações do filósofo no *Tratactus* sobre as sentenças éticas faziam-me tê-lo como o iniciador do emotivismo moral e, quando eram demasiado opacas, simplesmente as deixava

---

1. *Tratactus*, sentença 6.45, edição bilíngue anglogermânica de Roudtledge, 1961, p. 149, tradução da autora.

2. Em honra à completa verdade, devo dizer que Gianni Vattimo não se dá esse galardão. Lembra frequentemente que o primeiro a sustentar a continuidade foi K. O. Apel em seu artigo "Wittenstein e Heidegger", publicado em castelhano, pela primeira vez, na revista Dianoia, em 1967.

de lado. A esse propósito, havia uma, entre aquelas que compõem o parágrafo 6.4, que me inquietava especialmente: "A ética e a estética são uma coisa só".

Estudei-a por diversas vezes com êxito relativo, mas para uso individual. Em público, preferia passar em silêncio a seu respeito e seguir apresentando Wittgenstein como referência de abertura da ética analítica. Na realidade, esperava uma ocasião para tomá-la a sério. A identidade, ou ao menos a contiguidade, de ética e estética adquiria, além do mais, aspectos peculiares, familiares, devido ao meu casamento com Lluís Alvarez, filósofo dedicado à estética, e eu à ética, de modo que fazíamos piadas com frequência sobre o fundamento wittgensteiniano desse vínculo. Conversas de espírito semelhante ao da frase com que o lembrado professor Valverde abandonou sua cátedra quando Aranguren* foi expulso da universidade franquista nos anos 1960: "Nulla estetica sine etica", escreveu-lhe, referindo-se a uma postura tão corajosa. Entretanto, à parte as ironias próprias e alheias que ambos intentávamos conduzir com desenvoltura, a divergência de pontos de vista ocorria sistematicamente perante qualquer assunto conceitual, neles se manifestando um espírito corporativo. As razões preferidas ou de peso eram produto de argumentações de um modo típico de pensamento, das tradições éticas ou estéticas, não subjetivas, e a miúdo inconciliáveis. Em nosso caso, era claro que ética e estética, na qualidade de disciplinas filosóficas, tinham pouco em comum. Em pouquíssimos casos remetiam a autoridades ou textos comuns; divergiam em suas finalidades e se mostravam até mesmo antagônicas em assuntos práticos.

E, no entanto, era certo também que a grande filosofia, de Platão em diante, as havia combinado e recombinado sem cessar. O tópico da *kalós-kai-agazía* passou a ter seus momentos estelares pela frequência com que a ele aludíamos. Foi-me interessando cada vez mais, e mais ainda depois da tradução que fiz de *Após a Virtude*, de MacIntyre, no qual o tema voltava a ser mencionado na filosofia contemporânea. Mas sempre outras urgências, aparentemente imediatas, interpunham-se: trabalhos em filosofia política, ética, feminismo, história; conferências que devia escrever, seminários, prólogo, resenhas. O caso é que aquela reflexão que se apoiava em Wittgenstein era sempre protelada para um tempo melhor.

No ano de 1993, enfim, apresentou-se a ocasião. Naquele ano tinha que prestar concurso para uma cátedra e nosso sistema interno, funcional, prevê um exercício de exposição de um tema próprio. Estava claro que havia chegado o momento de retomar o mote de Wittgenstein que tanto me fascinava.

Este livro tenta explorar, às vezes de modo bastante rápido, a vida

---

* José Luiz Lopes Aranguren (1909-1996), renomado filósofo cristão espanhol (N. do T.)

da *kalós-kai-agazía* – assim chamaram os gregos a identidade entre bem e beleza – na modernidade*. Toma como pretexto Wittgenstein, mas não chega a ser um comentário wittgensteiniano, nem por tal deve ser entendido. Quando avança, ronda os limites dessa terra sombria a que chamamos metafísica. Kant assinalou que a metafísica tem sua origem em nossa capacidade de totalizar. Quando, como acontece com este ensaio, temos que repassar a vida inteira de duas ideias totalizadoras – bem e beleza –, seria difícil que não emergissem algumas de suas arestas mais agudas. A religião não é racional, mas a razão é religiosa. Tentarei explicar-me: do mesmo fundo ansioso de explicações de onde surgem os relatos e os mitos das religiões positivas, emerge a vontade racionalista de totalizar, consideradas estas coisas fora dos parâmetros sócio-históricos. As grandes filosofias barrocas que abrem a modernidade são teodiceias. E nossa capacidade de propor absolutos não decai. Mas acontece que, com alguma frequência, os incrédulos totais ocultam com suas estridências o paciente acúmulo de decência comum que resulta de cada vida boa individual. Tudo bem, quando suas impertinências são meramente estéticas, quer dizer, quando suas irreverências se limitam às formas. Ao contrário, sua atividade torna-se perigosa quando vão ao mesmo fundo para depositar sobre o núcleo do respeitável suas intolerâncias profundas.

Todo anti-humanismo parece-me daninho e os sarcasmos acerca dos frágeis estatutos das ideias humanitárias soam-me como prédicas dignas de energúmenos. E alguns energúmenos andam à solta pela vida das ideias. Pela vida vivida andam mais alguns, mas sua capacidade de envilecer os outros e feri-los se enfraqueceria bastante se os do primeiro tipo não lhes dessem ouvidos e oportunidades. Confesso que o anarquismo de direita me deixa doente. Entendo por isso aqueles que não possuem "nem deus, nem amo", pois acreditam unicamente em sua capacidade de enganar e seduzir aos demais; os que concebem como um bando de mentecaptos, aqueles a quem aporrinham apenas para tirar-lhes proveito. Pessoas que encontram nas tiranias os seus melhores nichos ecológicos, mas que também sabem destruir na democracia. É verdade que alguns são apenas doidivanas bem descritos na máxima de La Rochefoucauld: "É mais por orgulho que por falta de luzes que alguns se opõem com tanta obstinação às opiniões mais gerais: os primeiros lugares da razão já foram tomados e ninguém quer ocupar os últimos". Mas outros não atuam movidos pela soberba, mas por uma maldade vigilante. Esses ateus morais assustam qualquer um, mas não têm por hábito proclamar suas convicções às claras.

As pessoas não trazem escritas na fronte as suas disposições naturais. Se encontrarmos alguém uivando o vilão que é – o que poucas

---

* É também usual, nas edições brasileiras, o emprego da grafia *kalokagathia* (N. do T.).

vezes acontece –, o mais provável é estarmos diante de um escrupuloso acabrunhado por uma culpa fútil que ele, no entanto, considera enorme. Os indesejáveis, ao contrário, sobretudo quando são também espertos, fingem à perfeição a máxima bondade. Rir-se de seus próprios êxitos é um de seus prazeres. Sabem "estetizar". Os bons quase nunca chegam a representações tão completas porque não têm tempo para tanto: ou se é, e se transmite a bondade com relativo êxito, ou se simula, caso em que a margem de manobra é maior. E ainda cabem as duplicações, isto é, enganar com a verdade: quando alguns sujeitos se declaram canibais, às vezes resulta que realmente o são. E resta o último e maravilhoso caso: que a máscara da perfeita bondade encubra a perfeita bondade[3]: toda definição de virtude como hábito aqui se inclui. Todavia, é comum a bondade não chegar a tamanha perfeição. Como tudo o que é humano, os pequenos defeitos a fazem real. Enfim, tudo isso já conhecia Aristóteles, como qualquer de nós, mas às vezes melhor. E também por isso suas éticas estão cheias de precisões.

A beleza é outra coisa. "A beleza é uma carta de apresentação que sempre predispõe a seu favor", escreveu Cervantes. A luta entre os belos e os bons é desigual: teria sempre os primeiros como vencedores, porque os segundos devem provar o acerto de seus atos. Admito-o: a ética não tem fama de bonita, ainda que merecidamente. É rígida, severa, até mesmo tímida ou chinfrim. Por isso gosta de se fazer amiga da estética para ver se dela adquire algo e procura então usar seus adornos: a criatividade, a ironia, a graça. Mas se cansa. Revela-o quando acaba por usar o nome da estética como insulto. "Pura estética", saindo de seus lábios, não diz nada de bom. Mas sabe também que o insulto não lhe pode ser retribuído. "Pura ética" soa mal apenas aos ouvidos dos energúmenos. E para eles nem uma nem outra merecem respeito, pois nada nem ninguém o merece, inclusive eles mesmos. Com medo, se recolhem. Logo, precisamos muito da *kalós-kai-agazía*, em si um roçar no absoluto, isto é, no temível. Necessitamos neste terceiro milênio de uma filosofia que dê conta de nossa verdadeira estatura. Um pensar ativo que permita a cada um de nós fazer sua a frase de Kant ao morrer: "o sopro da humanidade ainda não me abandonou".

---

3. Esta é uma bonita e ainda inquietante história que Rafael Ferlosio narrou-me há alguns anos sobre uma princesa oriental e a eleição de seu esposo. Escolhido quem tinha o rosto da perfeita bondade, sua simulação revelou-se em sua morte. Ele trazia uma máscara sutil de ouro sob a qual... havia a face da perfeita bondade.

I

Em um dos livros que maior influência tiveram na filosofia moral do século XX, o *Tratactus* de Wittgenstein, está escrita a sentença que serve de ponto de partida para esta reflexão. Na de número 6.421, finalizando-a e entre parênteses, se lê: "Ethik und Ästethik sind Eins" – a Ética e a Estética são uma coisa só. Naturalmente, dentro da hermenêutica do *Tratactus*, a sentença tornar-se-á válida por certas razões que não são as que quero invocar aqui e agora, embora isso não impeça de tê-las presentes mais adiante.

Independentemente da forma de se validar uma sentença deste teor, dentro de uma ontologia, o que a expressa é uma intuição ou, caso se prefira, uma assertiva tanto ontológica quanto pragmática de venerável antiguidade e de recorrência comprovada na história do pensamento. Tanto assim é que já foi expressa de vários modos. Se elegeu-se a de Wittgenstein foi por sua proximidade e caráter peremptório. Wittgenstein, leitor de Agostinho – este, por sua vez, seguidor de Plotino –, opera, conscientemente ou não, dentro de uma ontologia de corte platônico que tem o seu *telos*, portanto, na unicidade, embora Wittgenstein não a tolerasse e quisesse rompê-la de dentro, aplicando toda a sua força para invalidá-la.

Bem e beleza, no pensamento daqueles dois primeiros ontólogos citados, tinham por destino e ponto assintótico o Uno e a duplicidade por manifestação.

Desde as próprias origens ontológicas greco-romanas, a filosofia cristã agostiniana e mais tarde a tomista reivindicaram, até convertê-la em tópico, em questão escolar, a gradação bem-beleza e sua confluência última. E quando digo tópico, refiro-me a um tema obrigatório, objeto de disputas nas academias e nos estudos com os quais se exercitavam as habilidades discursivas e retóricas. Ilustrarei com um exemplo da universidade barroca espanhola: Diego de Torres Villaroel, na *Historia de su Vida Escrita por Él mismo*, relato vivo de quão baixo havia chegado a nossa universidade, graças a mesquinhezas, invejas e rancores, conta como em um dia de juventude, querendo rir-se de um colega casmurro que sob a roupa escondia uma ignorância crônica, escreve: "Agora me lembro que, saindo uma tarde do curso de teologia, disse a um reverendo padre e doutor já exausto de arguir: E então reverendíssimo, já *ílumen gloriae tota ratio agendi** ou não? Gritos e pontapés decidiram esta velhíssima questão?'"

Tal modulação do problema clássico, já chamado por Villaroel de "velhíssimo", referindo-se à unicidade do bem e do belo, era contemporânea e herdeira de muitas outras de importância semelhante. Disse que se usavam como tópicos e isso, provavelmente, não quer dizer que fosse ruim. Prefiro conservar a ideia de que simplesmente se usavam tais tópicos ou assuntos. Havia subjacente algum problema que se pudesse dirimir? É provável que sim, mas justamente daqueles que, aparentando alguma resolução, na verdade nunca terminam. Pois bem, dando-se por conhecidas essas limitações, o meu propósito é o de novamente recorrer a esse tópico nos termos mais peremptórios com os quais Wittgenstein o expressou para a filosofia do século XX.

AS RAZÕES DE WITTGENSTEIN

Os raciocínios de Wittgenstein conducentes à sua afirmação começam na sentença 6.4 do *Tratactus*, que reza: "Alle Sätze sind gleichwertig" e que Russell traduz na edição canônica: "All propositions are of equal value" – todas as sentenças possuem igual valor[1].

Na verdade, há aqui uma referência ao termo valor, que é confusa, pois o que se pretende é, antes, estabelecer uma negativa, e não classificar as sentenças entre sentenças de fato e sentenças de valor. O que se quer dizer é que todas as sentenças significativas o são igualmente. Não há algumas sentenças específicas e peculiares que denotem valor. Este ponto de vista, contrário a certas posições presentes em Moore** (que defendia que termos como "bom" designam qualidades não naturais, mas existentes), como na área alemã do pensamento (a ideia de Windelband da filosofia como ciência dos valores, entidades reais que se expressam em juízos valorativos), explica por que, após uma afirmação

---

* "A luz da fama é todo (ou o único) motivo da ação" (N. do T.)
1. Routledge and Kegan Paul, texto bilíngue, Londres, 1961.
** George Edward Moore, autor de *Principia ethica*. (N. do T.)

tão breve e completa, Wittgenstein acrescenta na sentença 6.42: "O sentido do mundo deve permanecer fora do mundo. No mundo cada coisa é como é e sucede: nele não existem valores e, se existisse, não teriam valor"[2]. É obvio que Wittgenstein preferiu formular a questão em termos de valor e não naqueles do intuicionismo, à moda alemã ou britânica, embora sua correspondência assegure, com palavras claras, seu profundo desacordo com os *Principia ethica*. Pelo que se observa, a reivindicação valorativa resultava-lhe mais familiar e forte; contra ela afirmava que no mundo não há nenhum valor. É possível que, dado que o mundo é o que é, esse valor permaneça fora dele, mas então nada tem a ver com o que lhe sucede. Por isso Wittgenstein conclui na sentença 6.42: "Daí ser impossível que existam sentenças de ética".

Apesar da aparência e de várias inclinações positivistas que estas sentenças provocaram, não se trata de proposições céticas, mas, quiçá, bem ao contrário. As coisas são assim: se as proposições fossem de ética porque expressam um valor e os valores se encontram fora do mundo, então não poderia haver verdadeiras proposições de ética. O que está fora do mundo é o sentido do mundo e não pode ser posto em palavra. Na realidade, quando falamos de proposições de ética, queremos nos referir a proposições que expressam um dever e também expressam um castigo a ser aplicado, caso não se cumpram. Neste caso, as sentenças são plenamente corretas, mas não são verdadeiras sentenças éticas, apenas implicações correntes que dizem que de "p" seguir-se-á "q". Uma sentença de ética, que deve ser irrestrita e universalmente válida em qualquer mundo possível, segundo a fórmula kantiana, deve estar fora do mundo. É uma sentença necessária, não acidental, e no mundo tudo é acidental. Tal sentença expressa algo mais elevado, uma teleologia não imediata e acidental, desvinculada de castigos ou de recompensas, do prazer e da dor, assuntos acidentais, que delimitam o marco hedonista convencional no qual se produzem as sentenças de natureza prática.

Uma sentença ética, portanto, remete ao sentido do mundo, a algo que se encontra fora e mais alto do que ele próprio. Assim, pode-se ler na sentença 6.421: "Está claro que a ética não pode ser posta em palavras. A ética é transcendental". Se a ética é algo transcendental, é por uma razão kantiana: ou é assim, ou não é ética.

E há ainda outra razão que Wittgenstein acrescenta, desta feita antikantiana: a ética que pertence ao mundo, casuística, a do marco hedonista já mencionado, não conta com um tipo especial de vontade que a ponha em marcha. Não se pode falar da vontade enquanto sujeito de atributos

---

2. Sentença que continua: "Se existe um valor, este precisa estar fora de todo acontecimento e do 'assim-ser'. Pois todo acontecimento e todo 'assim-ser' é acaso. Aquilo que não é ou não ocorre por acaso não pode estar contido no mundo, pois senão seria novamente acaso. É preciso estar fora do mundo." (tradução de Christine Kolde).

éticos, e a vontade que realmente existe é um fenômeno que só interessa à psicologia. Dado que nenhuma verdade ética filosófica comprometer-se-ia com tal nível fenomênico ou com o hedonismo resultante de uma teoria do reflexo, uma verdadeira sentença ética é transcendental e deve permanecer fora do mundo, que só é o que é, e onde sucede o que sucede. Daí que os juízos de dever significam implicações, além disso mensuráveis, e as vontades são fenomênicas. Dos outros – dos juízos de fato – não cabe falar significativamente, ainda que se pudessem mostrar dentro do conjunto que Wittgenstein chama o místico.

O PARÊNTESE E A IDENTIFICAÇÃO

Depois de afirmar que em tais condições a ética é transcendental, Wittgenstein acrescenta entre parênteses: "A ética e a estética são uma coisa só". Outras razões não se aduzem e as que podemos supor que Wittgenstein tenha não seriam suficientes nem sequer para ele. São uma e mesma coisa, pois ambas compartilham o "ser inefáveis", não podendo ser postas em palavras, nas palavras da linguagem significativa, já que expressam algo mais elevado do que aquilo que justamente essa linguagem não pode expressar.

Penso que a identificação de ambas não provém, entretanto, dessa característica atribuída. Quer dizer, do fato de serem inefáveis não se segue que sejam uma só e mesma coisa, pois esta constitui uma sentença lógica falha e de vulto, que não escaparia à atenção de um dos melhores ontólogos da lógica moderna. Na verdade, Wittgenstein quer fazer essa afirmação provavelmente contra outra de teor parecido, mas sobre a qual há que se voltar.

O MÍSTICO

A explicação a que se poderia recorrer para conservar a afirmação identitária de Wittgenstein é a de relacioná-la com o místico. Com efeito, as sentenças finais do *Tratactus* remetem a um tipo de ontologia que não se enquadra no positivismo e que, desde o prólogo escrito por Russel, afastava Wittgenstein dos presumíveis líderes da corrente. Mas a ruptura efetiva não chegou a realizar-se porque ninguém a queria. Refiro-me, obviamente, a assertivas como: "para o que é mais alto, é completamente indiferente como são as coisas no mundo. Deus não se revela a si mesmo no mundo" (6.432); "O místico não é como é o mundo, mas existe" (6.44); "... o sentimento do mundo como um todo limitado é o místico" (6.45); "Há coisas inefáveis. Se ensinam a si mesmas, isto é o místico" (6.522). E por último, "Do que não se pode falar, é melhor calar" (7).

Esta sentença que finaliza o *Tratactus*, é comentada ironicamente por Russel no prólogo da edição, pois faz notar que Wittgenstein foi capaz de falar de várias coisas sobre as quais recomenda o silêncio. De fato, Wittgenstein não queria aquele prólogo, embora o tenha aceito. E quando ele mesmo explica o que é o *Tratactus*, diz não ser um livro sobre a linguagem significativa, nem sobre lógica: mas sim um livro de ética que trouxe suas margens para dentro.

Interpretar o *Tratactus* fora das coordenadas neopositivistas é, portanto, verossímil. Esta hermenêutica começou em meados do século XX pela mão de Ferrater Mora. É agora sustentada por Vattimo. Segundo ela, no livro deve-se ler o que não se diz. Melhor, o que, dito, não se pode dizer: o sentido do mundo. Para tratar do sentido do mundo deve-se contemplá-lo como um todo limitado, o que supõe fazer-se algo impossível – colocar-se fora do mundo. Mas um valor absoluto só existe fora desse todo limitado. Pode-se mostrá-lo mediante um simulacro ou uma alegoria. Ambos se referem ao mencionado valor, mas não são o valor. Não há forma intramundana, científica, de tratar o que é, em si mesmo, valioso.

Ética e estética formam parte do sentido do mundo e se encontram, então, fora dele, pertencendo ao inefável, ao que se mostra. O que é transcendental. O que se contempla, como escreve Wittgenstein em sua *Note Book*, pg. 83, "sub specie aeternitatis"*. Mas, insisto, isso faz com que sejam a mesma coisa? Não o creio.

Sem perguntar se tem fundamento, a identificação, em qualquer caso, não está fundamentada. Para começar, essa identificação se expressa em um parêntese sem maiores explicações; quase como se fora um acidente. E ali permanece despregada do resto, inexplicada.

Em algumas ocasiões, os pontos de vista de Wittgenstein sobre ética se contrapõem e as melhores elucidações estão na Conferência sobre Ética, de 1930[3]. Este modo de proceder forma parte da análise interna de seu pensamento. Nela, Wittgenstein distingue entre juízos relativos e juízos de valor absolutos. E afirma: "Todo juízo de valor relativo é um simples enunciado fático... e não pode implicar um juízo de valor absoluto". Onde há fatos, não há ética. A ética é algo intrinsecamente sublime. Os termos que a designam são simulacros. Vão além do mundo. A ética diz algo sobre o sentido último da vida. A ética não acrescenta conhecimento, pois este não é o sentido último, e manifesta, além disso, uma tendência humana em que não cabem o sarcasmo e o logro.

Como se pode ver, ao se repassarem as posições de Wittgenstein sobre ética, repetem-se as já conhecidas, mas sobre estética nada se diz. De maneira que essa observação do *Tratactus*, a de que ética e estética sejam a mesma coisa, permanece sem vínculos explícitos.

A única forma de dar-lhe um sentido é afirmar que no pensamento de Wittgenstein a arte supõe uma ética, quer dizer, que toda estética

---

* Do ponto de vista da eternidade (N. do T.)
3. *Lecture on Ethics, Philosophical Review*, vol. LXXXIV, nº1, 1965

leva consigo uma ética sobreposta. A arte é então simulacro e a ética continua sendo inefável. A arte mostra justamente este inefável. É bastante provável que assim seja, a partir de uma hermenêutica interna. Para aboná-la há muitos comentários do autor sobre como um poema, uma forma musical ou arquitetônica conseguem transmitir algo que, se explicado, se perderia. O que se contrapõe à ideia da finalidade pedagógica da arte, como pretendeu Tolstoi, lido e admirado por Wittgenstein. A arte é pedagógica porque não pretende sê-lo. Não diz, faz. A interpretação interna deve se deter aí porque, claramente, não há nada mais. E então chega o momento de se indagar a que gênero pertence a afirmação de Wittgenstein que serve de pretexto de partida, necessariamente recorrendo-se a comparações. Adianto que, considerando-se sua posição especial e posterior falta de desenvolvimento, "a ética e a estética são a mesma coisa" constitui um aforismo. Aforismo a tal ponto carente de desenvolvimento que abriu as portas ao emotivismo moral, e não acredito que Wittgenstein o quisesse.

DE AFORISMOS E RECORRÊNCIAS

A filosofia acadêmica do século XIX não garantiu para si um bom destino. Com exceção dos idealistas, nenhum de seus cultivadores achou um lugar na história. Foram, pelo contrário, os filósofos antiacadêmicos que ocuparam a cena: Schopenhauer, Kierkegaard e Nietzsche. Os três, ademais, produziram coisas pouco correntes. Preferiram o ensaio ao tratado, estendendo assim uma tradição ininterrupta desde Montaigne[4]; instalaram a filosofia em uma nova tópica e buscaram diretamente o público, como o haviam feito os filósofos ilustrados.

A preferência pelo ensaio terminou por converter-se em filosofia aforística. E o predomínio dessa forma fez com que os aforismos proliferassem fora de seu lugar de origem. Explico-me: Schopenhauer, nos *Parerga*, reúne ensaios e aforismos. Kierkegaard oferece ensaios como se fossem uniões de aforismos. E o estilo aforístico chega ao máximo em vários livros de Nietzsche. Mas o aforismo não é um dito original nem tampouco um pensamento não desenvolvido. É outra coisa. Possui suas regras. Nietzsche as enuncia assim: o que podes dizer

---

4. Explicando melhor: Schopenhauer foi capaz de escrever um "sistema" – *O Mundo como Vontade e Representação* – e preferiu o aforismo largo ou o ensaio curto para os *Parerga und Paralipomena*. Kierkegaard buscou o gênero misto entre filosofia e narração no *Diário de um Sedutor*, o diálogo platônico em *In Vino Veritas*, o ensaio em *Temor e Tremor*, *A Repetição*, *O Conceito da Angústia*; sem dúvida, neste último não há propriamente um ensaio: a estrutura argumentativa perde-se em uma série de pontos entrelaçados, similares aos de Schopenhauer. Nietzsche, por fim, legou-nos tratados - *A Genealogia da Moral, O Nascimento da Tragédia* –, ensaios – *Sobre Verdade e Mentira, Da Utilidade e dos Inconvenientes da História para a Vida*, e livros plenamente aforísticos – *Aurora, O Crepúsculo dos Ídolos*.

com uma palavra, não o digas com uma frase; o que podes dizer com uma frase, não gastes com um parágrafo; e, é claro, não te aventures a fazer um livro com o que cabe num parágrafo. Deve-se concentrar. Este é o imperativo do filósofo que fala de si mesmo, dando as razões porque é tão atento ou porque escreve bons livros. Porque faz o que diz.

Apesar disso, acontece que, tendo-se uma vez instalado o aforismo no mundo da cultura, e adquirido vida própria, qualquer um pode pretender cultivá-lo. E pensamentos parcialmente gestados serão apresentados como aforismos. Mas essa não é a regra. Um aforismo é um pensamento completo. A Viena de Wittgenstein contou com um excelente aforista, Karl Kraus, que, no entanto, não pode ser considerado um filósofo; seus aforismos se parecem mais com dardos do que com conceitos[5]. Um aforismo é sem dúvida um pensar agudo, mas não é uma ocorrência aguda; não tem por fim espetar uma verdade, mas sim mostrar um limite. A vida do aforismo é a apresentação de um limite, geralmente sob a aparência de um paradoxo.

Em nosso tempo, a filosofia aforística encontra-se em decadência. Mas, por muito arriscado que seja o que vou afirmar, digo que, provavelmente, o último grande aforista foi Wittgenstein. É possível interpretar-se que tanto o *Tratactus* quanto as *Investigações* adquirem suas formas de desenvolvimento lógico nos rastros dos *Pincipia Mathematica* de Whitehead-Russel. Seus limites viriam dados "a partir de dentro". Essa noção de limite não é tão estranha, como pudera parecer, à vontade de expressar ou fixar um paradoxo, em cuja cultura educou-se Wittgenstein. Em qualquer caso, dando-se por óbvia aquelas sentenças que mantêm a aparência propositiva ou demonstrativa, há em ambos os livros muitas outras que parecem responder mais à apresentação do limite. E destas últimas, algumas são bosquejos.

"Ethik und Ästhetik sind Eins" é a mais evidente. Puramente assertiva, desligada do raciocínio no qual o próprio autor se incrusta, converte-se em uma afirmação paradoxal cada vez que se intenta analisá-la a partir da crítica interna. Não apenas não resiste às regras do silogismo, como realiza uma passagem de identidades destruindo as pontes. Se são a mesma coisa, são sinônimas? Se não são sinônimas, por que são a mesma coisa? Por que ambas estão sob outra ordem? Mas então, quando situadas sob uma outra ordem são afetadas por uma espécie de princípio de indiferença? O inefável é ao menos uma ordem? Manteve-se que sobre isso só cabe o silêncio. É silêncio realizar-se tal identificação?

Estes são os limites com que se opera dentro das coordenadas internas do pensamento de Wittgenstein. Sem dúvida que se podem acumular mais alguns dados, recorrendo-se a seus *Cadernos*, a seus

---

5. Sobre a influência de Kraus no pensamento de Wittgenstein, ver o livro clássico de Janik-Toulmin *A Viena de Wittgenstein* (1973).

Diários..., mas não ajudarão a fazer a questão progredir. A identificação manteve-se por vontade de fazê-la. E não há outro remédio senão recorrer a pontos de vista externos.

Haveremos então de nos fixar apenas naquilo que se afirma e no que essa afirmação comporta, isto é, negação ou negações de afirmações explícitas, realizadas anteriormente. E aquela que lhe corresponde em conceito e vigor é a asserção de Kierkegaard de que ética e estética são pontos de vista e de vida absolutamente distintos e incompatíveis.

WITTGENSTEIN – KIERKEGAARD

Wittgenstein conhecia muito bem os escritos de Kierkegaard, o mestre do paradoxo. Desde cedo, lhe havia sido apresentado por sua irmã Hermine e jamais abandonou sua leitura. Considerava Kierkegaard, sem dúvida alguma, o melhor filósofo do século XIX e, além disso, um santo. Recomendava sua leitura aos alunos de confiança; citava-o em suas conversas, com cautela. Chega a dizer dele que possui "uma corda demasiado larga"[6]. Em certa ocasião explica a seus amigos a distinção de Kierkegaard entre o estético, o ético e o santo. Embora diga não compreender o "santo", acrescenta: "De uma coisa estou certo – não estamos aqui para nos divertir". "Aqui" é o mundo, essa coisa da qual não cabe falar como uma totalidade. Essa coisa da qual já ocorre sair-se quando dela falamos como um todo limitado. Essa coisa que, se a sentimos como um todo limitado, é o místico.

ÉTICA E ESTÉTICA SÃO A MESMA COISA. O JUÍZO DO GOSTO.

O místico, convertido por Wittgenstein em princípio de indiferença, ficou relegado pela maior parte de seus seguidores. Mas do próprio princípio de indiferença eles não se esqueceram. Partindo do *Tratactus*, admitiram como indubitável que os juízos significativos eram, para todos os efeitos, os juízos que representavam fatos e que não haveria a possibilidade de que um juízo representasse valor. Melhor ainda: distinguiram entre juízos de fato e juízos de valor de modo contundente. Isso produziu não poucos problemas quando se defrontaram com as ciências realmente existentes, na tentativa de analisá-las ou ordená-las, embora disso não estivessem conscientes a princípio. Retiveram apenas que fático era igual a referencial e que a referência dos termos que denotavam valor não existia no mundo como coisa.

---

6. A expressão indica não só a existência de uma visão abrangente, mas, ao mesmo tempo, difícil de ser resumida, já que cada afirmação pode conter mais sentidos do que se presume à primeira vista. R. Rhees, *Recuerdos de Wittgenstein* (1981), Madri, FCE, 1989.

Mas os que se denominavam juízos de valor eram passíveis de uso. E isto requeria certa explicação. A mais imediatamente abrupta e positivista deu-a Ayer*. Os juízos de valor, éticos ou estéticos, tanto faz, são interjeições. Stevenson dedicou toda a sua finura intelectual, que era muita, a encontrar uma saída, sem desvincular-se, no entanto, da teoria geral do significado. São sentenças não referenciais que procuram dar conta de uma emoção e transmiti-la àquele que escuta. O que distingue os juízos morais do resto dos juízos valorativos – juízos do gosto, estéticos – é que eles possuem "uma especial seriedade e urgência".

Com tudo isso, está claro que Stevenson avançava uma teoria já não referencial da linguagem, e sim uma teoria do uso. Mas aí teve que se deter. Austin e o próprio Wittgenstein a consolidariam nos anos de 1950. No que diz respeito ao tema ético-estético, admitia-se o princípio de indiferença, só que os juízos do gosto pareciam mais triviais, menos sérios, diferíveis. E de novo se admitia o princípio de indiferença naquilo que tem de forte: tudo o que não é fático é nebuloso. O emotivismo havia encontrado suas duas versões – a abrupta de Ayer e a refinada de Stevenson. O emotivismo converteu-se na teoria eminente sobre o significado dos juízos de valor e na metaética considerada a mais acertada do século.

MacIntyre afirma que esta, que acreditava ser uma teoria do significado, era uma teoria do uso. Afirma que vamos tão mal que, de fato, as pessoas usam os juízos morais de modo emotivo. E conclui que somente um retorno a Aristóteles é capaz de acabar com tal irrupção de barbárie no cenário moral[7]. Mas enquanto vai fazendo tais afirmações, declara que esta é a herança esperada do pensamento ilustrado. E para prová-lo, faz algumas paradas na história das ideias que passam, eminentemente, por Kierkegaard e Nietzsche, mas se omite de todo o idealismo. Talvez por isso se deva localizar a questão ético-estética precisamente ali.

---

* Alfred Julius Ayer, filósofo Inglês – 1910-1989 (N. da E.).
7. Em *Tras la Virtud* (1981), Barcelona, Crítica, 1987.

II

A *Querelle*, a questão entre os antigos e os modernos, havia sido resolvida a favor destes últimos em finais do século XVII. E, no entanto, o século seguinte viveu uma reimpressão de imagens do mundo clássico cuja influência no pensamento moderno foi fortíssima. Com efeito, algo chamado "o mundo clássico" – que não distinguia no início etapas e formas, mas apenas um contínuo – começou a converter-se em modelo para o presente, mas não apenas modelo estético, como também ético. E à medida que esse mundo clássico era melhor conhecido, enquanto sua estética substituía o barroco na Europa, expandia-se algo a que poderíamos chamar de "grecomania".

O pensamento político de Platão, e não a sua erótica, como sucedera no Renascimento, foi interpretado como o texto principal dos desejos vividos pelo século[1]. Se os puritanos haviam feito do Antigo Testamento o seu modelo ético-estético, os ilustrados ressuscitaram a política grega e a estética política da República romana. O mundo clássico iniciou sua caminhada de mito das origens, vivido tanto mais intensamente quanto maior fora a desconfiança ou o rechaço frente à herança cristã. Mas também a cristandade lhe foi importante: a estética

---

1. Não era a recuperação de Aristóteles, como propõe MacIntyre, impensável em uma cultura ainda muito luterana. Mas era propor a recuperação de algo que se supunha perdido, como MacIntyre propõe agora, nem mais nem menos, no neoaristotelismo. Na Arcádia antiga, o mundo tinha então sentido, agora perdido – pensavam os neoclássicos. Não creio que MacIntyre pense outra coisa de seu mundo aristotélico.

racionalista edificou os novos templos e chegou a influenciar o clero ilustrado².

O IDEAL GREGO E O IDEALISMO ALEMÃO

E além de tudo, como já se disse, o mundo clássico passou a ser melhor conhecido. Criadas por Bayle as bases da cronologia, uma nova geração de historiadores se fez possível. E com eles, os arqueólogos e hermeneutas. Gibbon, Winckelmann, Lessing, mostraram sua riqueza. O Século das Luzes não teve pelo mundo clássico apenas curiosidade, mas admiração. Era a raiz profunda e recuperável, desde que se ressuscitasse a árvore da liberdade.

Sem dúvida, houve dissidentes: Klopstock, Möser... mas não podiam deter a maré. Havia-se chegado tão longe que inclusive três jovens, cozidos no forno de Tubingen, três aprendizes, cantavam os salmos da reconciliação. Da reconciliação entre o gênio grego e a herança cristã.

No breve escrito que se conhece como *Esboço para um Primeiro Programa de um Sistema do Idealismo Alemão*, Schelling, Hegel e Hölderlin suspiram pela reconstrução da unidade do mundo perdido, da *bela totalidade*, cujo gênio fugiu da terra, do mundo em que bem e beleza não difeririam. Nele, o sensível e o inteligível possuíam o mesmo *telos* e a mesma presença. Essa seria a necessidade de reconciliação sentida pelo tempo presente, um tempo então de excisões. Seja Hegel ou Schelling o autor do fragmento, escreve: "Estou agora convencido de que o ato supremo da razão, ao abarcar todas as ideias, é um ato estético; e que a verdade e a bondade se veem irmanadas apenas na beleza"³.

Se a primeira procedência destas ideias pode muito bem estar em Schiller, ele mesmo se move no ambiente geral que as faz possível. A expressão kantiana *Reino de Deus*, que esta geração usa como signo de reconhecimento, apresenta aquela aspiração fortemente apaixonada* de unidade. Em parte, também se está transpondo para a linguagem do primeiro romantismo alemão as grandes categorias políticas em jogo: a Grécia, ou uma ideia mítica da democracia grega, constitui o horizonte de sentido para interpretar os acontecimentos contemporâneos. A Revolução Francesa está fazendo com que toda a ordem admitida oscile. Em seus primeiros anos, é aplaudida e celebrada em toda a Europa. Só quando o Terror mostrar o seu rosto, a adesão moral que havia provocado deixará de ser incondicional⁴.

---

2. Pois, apesar da imagem corrente, tanto no norte como no sul da Europa, os clérigos não estiveram fora da ilustração, foram de fato em muitos lugares seus promotores.

3. Editado em Hegel, *Escritos de Juventude*, Madri, FCE, 1978, p. 220.

* No original, "empatizada". De *pathos*, paixão (N. do T.).

4. Com a evidente exceção de Burke, que começa sua crítica no mesmo momento em que o rei Luís é processado.

Para os três jovens de Tübingen, que entre 1796 e 1797 redigem aquelas páginas, consideradas em alguns círculos as mais interessantes da filosofia alemã, a espera por uma revolução pacífica e progressiva, que haverá de surgir do kantismo, é uma questão de fé. E o problema que mais os intriga é a separação que se dá entre o que decidem chamar, mais uma vez à maneira kantiana, razão e sensibilidade. Deve-se fazer uma ética – esse o objetivo principal –, mas uma ética sensível, que seja estética.

A nova ética kantiana, a que admitem, a ética autônoma que surge como que decantada pelo Iluminismo, carece de atrativo para todo o conjunto do povo, pois não vem acondicionada em uma bela embalagem. A velha ética, a ética heterônoma da religião luterana oficial, já nem sequer se atreve expressar-se. Seu diagnóstico não é exagerado. Embora o Iluminismo alemão seja profundamente teológico – os dados da revelação são introduzidos nos esquemas racionalistas herdados de Wolff –, os pastores não se atreviam, de fato, a explicar teologia nos sermões. A Igreja luterana encontrava-se afetada por uma grave crise dogmática[5]. O futuro é uma ética, mas uma que seja capaz de reconciliar os elementos racionais e os sensíveis. Face ao lugar comum voltairiano de que o povo necessita de uma religião, e se não houvesse Deus haver-se-ia de inventá-lo, escreve-se: "Enquanto não transformarmos as ideias em ideias estéticas, quer dizer, em ideias mitológicas, elas não terão interesse para o povo e, por sua vez, enquanto a mitologia não for racional a filosofia terá de envergonhar-se dela. Em resumo, os ilustrados e os não ilustrados devem dar-se as mãos, a mitologia tem de converte-se em filosofia e o povo tem que se tornar racional... então reinará a unidade perpétua entre nós... reinará a liberdade e a igualdade universal de todos os espíritos"[6].

Buscou-se relacionar essa preocupação estética com os decretos sobre ritos emanados pela Convenção em 1794[7]. E pode ser que a relação de fato exista. A razão deve tornar-se sensível e a sensibilidade racional é um quiasmo* que resume bem uma filosofia tão aficionada

---

5. As prédicas correntes no século XVIII não apenas apresentavam a religião sob a ideia de utilidade, mas haviam preferido, sobretudo, os temas úteis. Por exemplo, era de se esperar mais um sermão sobre o cultivo correto da batata do que sobre o mistério da Trindade. Ver G. Bianquis, *A Vida Cotidiana na Alemanha Romântica*, Barcelona, Argos Vergara, 1984.

6. Escolho a tradução de Szankay-Ripalda na obra já citada de Hegel, *Escritos de Juventude*, p.219.

7. Ripalda em *La Nación Dividida*, Janicaud em *Hegel et le destin de la Grèce*, Perpezak em *Le jeune Hegel et la vision morale du monde*, Taminiaux em *La nostalgie de la Grèce à l'aube de l'Idealisme Allemand*... E o trabalho de Ritter, *Hegel und die Französische Revolution*.

* "Figura estilística de retórica em que as palavras ou imagens se cruzam, invertendo a ordem da construção" – Newton Cunha, *Dicionário Sesc, A Linguagem da Cultura*, Perspectiva, 2003, (N. do T.)

por fazê-lo. Neste caso, a necessidade última invocada seria política. Mas o que o escrito de que tratamos afirma é que a própria política não é senão algo que deve subordinar-se a uma ideia superior, a ideia fichteana de um eu mesmo absolutamente livre. E essa, que é uma teleologia ética, é, afirmam seus autores, "a maior obra da humanidade".

Reconciliação de bem e de beleza, *kalós-kai-agazía*, nova Grécia, tudo bem alinhado com a temática kantiana, sentimento herderiano-populista e terminologia fichteana.

TOTALIZAÇÕES ÉTICAS

O uso dos termos *ética* e *estética* começa a ser muito seletivo a partir do movimento *Sturm und Drang* e o idealismo o fixará em algumas figuras principais. Fichte trabalha em uma teleologia ética, Schelling é estético e Hegel, que acreditará superá-los (não fosse assim não teria a soberba de classificá-los como subjetivo e objetivo, respectivamente), terá a intenção de restaurar a unidade perdida da *theoria*. Mas antes que isso chegue a se desenvolver, ética e estética tiveram suas posições destacadas por obra de Kant, que marcou sua dualidade na *Crítica da Razão Prática Pura*, por um lado, e na *Crítica do Juízo*, por outro. De maneira que quando Schiller, Schelling, Hegel... e muitos outros contemporâneos seus de menor alento falam de ética ou de estética, ou, melhor ainda, pretendem fundi-las ou privilegiar uma delas, sabem do que falam ou o que pretendem.

Agora é o momento de introduzir um dado que serve para confirmar e também desviar essa clareza: a influência de Spinoza no idealismo e a polissemia de seu termo *Ética*. Tal influência começa antes do período em que nos estamos movendo e é responsável pelas mútuas acusações de panteísmo que entre si se atribuem os alemães iluministas[8].

O pensamento organicista de Spinoza, de evidentes raízes judaicas[9], demonstra continuidade com todos aqueles outros que pretenderam alcançar totalizações e possui o seu antecedente clássico de novo em Plotino[10]. A totalização, sobre a base do criticismo de Kant, é desde cedo exercida por Herder, que busca introduzir a diacronia no sistematismo sincrônico de Kant – algo certamente muito mal recebido

---

8. Ver S. Zac, *Spinoza en Allemagne*, Paris, Méridiens Klincksieck, 1989, sobre a polêmica do panteísmo. Panteísmo será substituído, de fato, por Spinosismo, como prova a acusação sofrida por Fichte em Jena.

9. A mais evidente, a distinção entre *natura-naturans* e *natura-naturata*, herdeira de Luria.

10. E é a própria essência da metafísica, na opinião de Habermas – o "en-kai-pan", "o uno e o todo". Assim o reivindica em *Pensamento Pós-metafísico*. Mas não o creio. Pode ser um dos ingredientes, mas acho, de preferência, com Nietzsche, que a raiz da metafísica corrente não está só na totalização, mas também na dualidade ser-aparência, embora não seja aqui o momento para mais explicações.

pelo filósofo. E embora Herder avance com este programa, o modelo ontológico que acabará funcionando será o de Spinoza. Para o que nos interessa, isto significa que *Ética* acabará significando *Totalidade*. Neste sentido é usada pelo jovem Hegel no *System der Sittlichkeit*. Mas a totalização faz-se sobre a base de uma teleologia que, pode ser ética ou estética[11].

Na filosofia de Kant, e pelos postulados, sabemos que essa teleologia é ética. Em Fichte, mais kantiano que Kant, segundo suas próprias palavras, a teleologia é também ética, imanente e de infinita perfectibilidade. Mas onde se encontra o elemento sensível de uma teleologia ética kantiana? Ele não existe.

TOTALIZAÇÕES ESTÉTICAS

A *Crítica do Juízo* procurou salvar aquela distância. O belo é o símbolo do bem moral. Assim Kant conclui a dialética do juízo estético. O belo e o bem se reconciliam assintoticamente no suprassensível, o mesmo lugar em que a faculdade teórica e a faculdade prática se tornam uma só.

Schelling nunca renunciará, ao longo de sua dilatada vida teórica, a pensar que o último ato de totalização seja estético. Seus primeiros escritos sobre o mito mostram a preocupação em conciliar ética e estética e como a fusão se realiza na mitologia. Clama por realizar uma ética que seja estética em sua apresentação e também em sua raiz última. Quando n'*As Idades do Mundo* o mito houver retornado sob a forma de teosofia, como revelação do Absoluto, esse momento de apreensão será estético. A compreensão definitiva, enquanto intuição da totalidade, será sempre estética. Ética, no sentido spinozista, é o comportamento do Todo, e a estética, qualquer relação com Ele.

Hölderlin havia postulado que o que move o agir não são nem as deduções nem os imperativos, mas a beleza; o desejo de ser uno com o Todo, que é a própria vida da divindade. Esse é um desejo de completude, um desejo estético[12].

Kant havia afirmado que duas coisas o comoviam com a força do sublime: o céu estrelado fora de nós e a lei moral em nosso coração. Schelling satisfez sua vocação de infinito com sua teosofia. Ao contrário, Hegel pensou que as estrelas fossem brotoejas no céu e, quanto à lei moral, desconfiou de corações legisladores. Comovia-o, suponho, o evolver do Espírito Absoluto. E logo o romantismo encontrou novas coisas com que se comover, mas sempre situando-as nesta tensão

---

11. De todo modo, caso se eleja a estética – e a contaminação do uso spinozista existe –, tratar-se-á de uma totalização "reduplicada".

12. Sobretudo em seu *Hyperion*. A mesma ideia repetiu Bradley mais tarde, o melhor dos hegelianos britânicos, acreditando seguir Hegel, quando, ao fazê-lo, se mostrava mais seguidor de Schelling.

ético-estética.

Em Schelling, no princípio, a necessidade da estética veio da política, mas depois esse seu Absoluto, tão agredido por Hegel na introdução à *Fenomenologia*, terá relações mais do que misteriosas com a liberdade humana.

Schlegel havia falado sobre a religião da arte. Schiller definiu a liberdade como um estado estético. O gênio se apresenta para Novalis como liberdade e, portanto, como criação. É a arte o mais alto que se pode fazer? E se o é, ela expressa a si mesma ou algo mais, outra coisa que não ela própria?

Schelling afirmará que Deus é o poeta criador da história. Introduzirá a ideia cristã de "natureza decaída" em sua teosofia, de tal forma que possa sustentar que o conhecimento é, necessariamente, finitude. E que, portanto, nossa relação de *natura naturata* (o que somos) com a *natura naturans* (de onde proviemos) não é teorética. Somos a parte consciente do inconsciente, uma centelha da divindade. Isto não corresponde a um spinozismo traduzido? E como esta eventual interpretação se torna possível (e perigosa, devo lembrar), Schelling dirá que o que diferencia seu pensamento do de Spinoza é precisamente o lugar da liberdade. A natureza, na qualidade de espírito exteriorizado, faz-se autoconsciente em nós e tem por finalidade o retorno ao Absoluto, dada a liberdade compartilhada. Em nossa e por nossa liberdade nos reconhecemos partícipes da essência divina.

O cristianismo, que culmina as religiões históricas, nos leva a uma filosofia da Revelação na qual se mostra o triunfo do bem sobre o mal ao longo da história humana. A arte revela e molda essa ideia, ainda que não o queira ou pretenda. A consciência tem o seu destino no Absoluto, que então não se apresenta como mero dever, mas como fé e reconciliação. E este, que é o último e o maior dos atos possíveis – querer o bem, dever o bem, ser o bem – torna-se, ao se realizar, completude, beleza absoluta, estética.

O desejo do bem (que muitos podem não sentir, porque são livres para escolher) e da beleza, sempre presente na humanidade, cumprem-se na intuição da totalidade e uma intuição é sempre estética.

Desta maneira o idealismo deixou o cenário: reconciliação com as teologias que cada filósofo utilizou. Bem, Beleza, Razão, os veneráveis temas da filosofia grega, foram ressuscitados. Neles, quanta vida as monumentais especulações do primeiro romantismo foram capazes de insuflar?

ATEOLOGISMO. O PESSIMISMO ROMÂNTICO.

Schopenhauer foi outro dos filósofos que decidiram declarar-se kantianos, embora em seu caso o assunto seja difícil de sustentar. Mas, ao menos, sempre se referiu a ele com admiração e respeito. Por Hegel e sua tagarelice "professoral", ao contrário, sentia apenas descontentamento[13]. Para Schopenhauer, o céu estrelado, longe de comover-lhe com a força do sublime, recordava-lhe que, depois de tudo, a potência noumenal (à qual chamou Vontade) era maior do que o conveniente. No que diz respeito à lei moral, estava convencido de que não existia nos termos em que Kant a pensara. Ele houvera confundido princípio e fundamento, ou seja, ao encontrar um princípio da moral, acreditou ter achado o seu fundamento. Mas a moral não possuía tal fundamento e tampouco era racional, no sentido de consistente consigo mesma ou com qualquer outra coisa. Nem era um guia para a ação de nenhum de nós. Para asseverar tais coisas, baseou-se em sua própria ontologia, de modo que é mais adequado começar por ela.

A única coisa que existe no *en-kai-pan* é uma potência cega e ateológica, a Vontade, que se manifesta gradativamente no que existe. Quanto mais se manifesta, mais consciente se faz, mas não mais livre ou bela. Essa potência não é boa ou má, é apenas amoral. Não possui teleologia e não pretende cumprir qualquer fim pré-determinado. Só quer, como no *conatus* de Spinoza, conservar-se no ser. E para ele busca e encontra as suas estratégias. A dor, o dimorfismo sexual, o desejo... nos encadeiam nessa parte da Vontade que também somos. Que não apenas é amoral mas, por certo, imoralizável.

Mas acaso pode-se negar que sejamos sujeitos morais? De início, afirma Schopenhauer, caráter é destino. Cada um faz o que o seu caráter lhe permite fazer. Nada mais. Mas não se trata do augusto tema da educação moral que supõe que tal predisposição possa ser modificada ou formada. Acontece que não conhecemos o nosso caráter. Primeiramente, o próprio *eu* é noumenal, incognoscível para o sujeito. Em segundo lugar, cada indivíduo não conhece o seu caráter antes de realizar um ato; começa por conhecê-lo e a se conhecer *após* realizá-lo. Seu ato é que diz quem é e o que é.

A liberdade, entendida como arbítrio ou possibilidade de eleição, é fictícia. Não fazemos representações e depois a submetemos a uma *deliberatio* para, finalmente, escolhermos. Somos muito mais espontâneos. Agimos. Agimos de acordo com o que nos pede uma estrutura inata que nos faz, desde o início, melhores ou piores, na dependência das características constitucionais de uma comunidade. E como a comunidade é sapiente – procura também conservar-se no ser –, tem meios de pôr os indivíduos sob sua jurisdição, meios por sua vez distintos das predicações individuais sobre o bem.

---

13. De fato, concebia-se como legítimo herdeiro de Kant e, ao fazê-lo, passava por cima de todo o idealismo que, em sua opinião, havia traído a herança kantiana ao cristianizar o filósofo a partir da obra prematura de Reinhold. O único idealista considerado era Schelling, porque o tinha na conta de excelente plagiário.

Em decorrência do pulsional e do incognoscível do caráter, melhor que conhecê-lo é controlá-lo a partir de fora. Isto sim é factível. Ante um ato mau, quer dizer, que atente contra a ordem aceita, o melhor é promover uma dissuasão mais poderosa, de maneira que aquilo de que a razão não possa prover-se, possa-o o cálculo. De modo idêntico, uma série de recompensas honrosas, quer dizer, baratas, para que se comporte de modo excelente. E aqui basta. Schopenhauer tem o prazer de ser o antepassado de duas correntes psicológicas incompatíveis: o behaviorismo e a psicanálise. A psicanálise obtém de sua *Vontade* a ideia central de inconsciente. E o behaviorismo extrai dela a falta de necessidade de conhecimento do eu e o trabalhar sobre a conduta mediante reforços positivos e negativos[14].

O Estado deve encarregar-se de administrar essa esfera de castigos e de prêmios. Para isso existe.

DO BEM E DA BELEZA

Vivemos como parte consciente da Vontade, instalados necessariamente no pessimismo. O mundo é *maya*, um véu que nos impede conhecer o caráter ingrato de nosso ser no mundo com sua carga de dor e finitude. O bem brilha por sua ausência. Existe algo que se mova e que escape a tal destino? Não de maneira geral. Mas podemos escapar de duas maneiras: uma, pelo suicídio, que é o ato mais livre e racional que um ser humano possa realizar, não previsível em termos de massa. Desta maneira, a razão se volta contra a Vontade e quiçá possa um dia destruí-la. Mas esse processo é lento. Existe ainda uma segunda escapatória – a arte. Sim, de novo, a arte.

As artes veiculam arquétipos que nos fazem intuir o noumenal por meio de algo interposto. Quanto menor a sua materialidade, mais excelentemente o faz. Assim, as artes da palavra, sobretudo a tragédia, são altas porque nos retiram o véu de *maya* e nos mostram a verdade: que o mundo é mau, que a inocência sofre castigo, que a bondade é perseguida..., enfim, tudo aquilo que o discurso público nega.

E entre todas as artes, a mais alta é a música que, segundo a concepção pitagórica, desvela o noumenal em estado quase puro. O belo se transforma então no bem, já que é o único momento de trégua concedido ao ser fenomênico e que o faz intuir, fora da determinação do tempo, da subjetividade e do espaço, algo diferente como conhecimento e paixão. Pois para o bem tal qual, aquele moderado e diário, cabe perfeitamente contentar-se com o princípio moral por antonomásia: *neminem laede*.

---

14. É certo que a psicanálise reconhece a sua dívida, enquanto ignoro se a cultura filosófica de Skinner lhe permitiria sequer conhecê-la.

Schopenhauer pretende, com efeito, que de sua ontologia derive uma moral da compreensão, concebida como o sentimento que nos une ao que vive. E que a verdade dessa moral é antiquíssima e não necessita de maiores fundamentações: "a ninguém firas ou faças mal, mas ajuda se podes". Neste mandamento, *naeminem laede*, se resume toda a moral merecedora deste nome. Dele obteremos o pouco bem cotidiano e acessível, e da beleza, proporcionada pela arte, nosso único repouso.

III

Nenhuma filosofia da Antiguidade é prometeica, mas as surgidas do barroco, sim. O caráter prometeico torna-se compulsivo no romantismo e esse traço alcança o paroxismo com Nietzsche. E não se limita à imagem goetheana do homem que se faz a si mesmo, mas se revela como luta contra o divino. Não esqueçamos que quando Nietzsche se nomeia anticristo é justamente isso que quer dizer: Anticristo.

Há, entretanto, várias maneiras de enfrentar os deuses. Nietzsche os enfrenta, afirma, a favor dos homens, mas não de homens existentes, herdeiros daqueles que os criaram e que os mantêm com insídias para que esta humanidade deplorável e mentirosa siga vivendo. É a favor de homens que virão: os que compõem a multiplicidade de ações à qual denomina super-homem.

Esta vinda oferece contornos muito particulares à filosofia do autor – traços proféticos. E não cabe ocultar o que perigosos, como os do século XX, demonstraram até o horror. E horror é uma palavra branda que nos envergonhamos de usar para referir-nos ao que aconteceu nos campos de extermínio. Chesterton escreveu que a filosofia de Nietzsche sempre lhe pareceu a de um homem doente e débil: "um homem que distingue entre fortes e fracos! Os fortes, não fazemos tais coisas"! Não cabem dúvidas de que é legítimo julgá-lo pelas consequências. Mas, situando-me em uma linha atual de sua recuperação, defenderei a ideia de que não apenas não as queria, mas que foram o reverso do que pretendia.

O FILÓLOGO E A *KALÓS-KAI-AGAZÍA*

A união da ética grega entre bem e beleza, ética e estética, que recebe o nome de *kalós-kai-agazía*, é relativamente tardia. Para chegar a esta formulação, o *agazós* dos poemas homéricos teve de sofrer desvios semânticos que lhe retiraram parte de seu significado puramente descritivo, fazendo entrar em consonância sentidos valorativos mais lábeis. Isto ocorreu pouco antes da época socrática, já que Teógnis* utiliza *agazós* em seu significado descritivo.

O mesmo aconteceu com *kalón*. Na mesma palavra se encontram os significados de bem e belo, e tal identidade contribuiu grandemente para a filosofia platônica. É sabido que *kalós-kai-agazós* designa os indivíduos eupátridas[1]. São os antonomasicamente bons e têm por opostos naturais aos *kakoi*, sem sangue e virtudes – a massa. Esta conformação a que se dá o nome de "moral heroica" é dominante na fase grega dos alvoreceres do tempo histórico.

Obviamente, não é assim na raiz semita de nossa cultura cristã. Bom é quem cumpre a Lei do Sinai. E essa lei, que é moral, penal e civil, obriga a comportamentos virtuosos distintos dos que deve ter o herói homérico. Odisseu pode mentir; aliás, é habilíssimo quando o faz. Agamémnon pode roubar. O prudente Nestor pode quebrar a palavra dada. E os próprios deuses não fazem melhor do que os mortais. Ao contrário, a Lei diz que o Deus do Sinai quer que o seu povo O guarde e por tal seja distinto de outros povos. Sem dúvida, encontramos rudeza em ambas as cosmovisões – que se pense em certos preceitos do Números ou do Deuteronômio –, mas o espírito não é o mesmo.

Pois bem, o Nietzsche filólogo sentiu-se desde logo bastante fascinado por essa divergência de espírito e cedo decidiu-se a favor da herança grega. E o fez contra o seu tempo e sua pátria, contra a Europa em geral, a qual considerava um fluido decantado de herança judaica, sacerdotal e de poderes em mãos inapropriadas. Enfim, tudo aquilo a que chamou de moral do ressentimento.

ESTÉTICA CONTRA ÉTICA

Uma apreciação que Nietzsche pôde fazer da moral encontrada na Alemanha guilhermina foi a que era redondamente feia, o que correspondia a uma consciência decadentista. No entanto, os graus e as

---

* Poeta trágico, "frio como o gelo", segundo seu coetâneo Aristófanes e sobre quem versa o primeiro trabalho de Nietzsche ainda oficialmente filólogo (N. da A.). O caráter ao mesmo tempo aristocrático e lastimoso da poesia de Teógnis (século VI a. C.), um terratenente preocupado com o avanço da democracia, pode ter contribuído para a ideia de "homens superiores" no pensamento de Nietzsche (N. do T.).

1. Isto foi explicado sintética e profundamente por R. Turasiewicz, *Kalos Kagazós*, Cracóvia, 1980.

razões da fealdade que delatava foram variando ao longo de sua curta vida e extensa obra. Esboço algumas dessas variações e fixo-me em uma delas. A moral europeia do XIX era hipócrita em *Além do Bem e do Mal*; plebeia, em *O Nascimento da Tragédia*; débil e feminina, n'*O Crepúsculo dos Ídolos*; néscia no *Zaratustra*; cruel, na *Genealogia da Moral*; judaica, n'*O Anticristo*; igualitária, sempre.

Essas opiniões referiam-se à moral prática, pois no que dizia respeito à ética como anatomia abstrata e legitimadora da moral, aos escritos de seus contemporâneos ou dos iluministas, tudo isso não continha para Nietzsche nem verdade nem inteligência. Eram exercícios infantis, no melhor dos casos, e, no pior, má vontade de poder disfarçada.

Sem dúvida que houve tempo no qual existiram homens, mas esse tempo terminou no ponto de origem das falsas moralidades, no moralismo socrático. O alvorecer grego, potente, vigoroso e consciente de si, cedeu à sofisticaria socrática, mãe da ontologia que faria racionais os discursos sacros, velhos e crus das religiões monoteístas. A verdade, portanto, haveria de ser procurada em um tempo prévio, antes que ela mesma fosse fabricada e, por isso, um salto glorioso no passado seria a condição para o salto no futuro. Desgraçadamente, com este Nietzsche ficaram seus discípulos da suástica, e não se deve exonerá-lo por completo de sua parte de responsabilidade. Meteu-se em questões muito perigosas e sucedeu-lhe o que ele mesmo amiúde citava de seus amados gregos: "a medicina que cura a um, a muitos mata".

Como perfeito moralista que era, Nietzsche queria dizer que a moral que via mover-se ao seu redor era imoral. E ao bom deplorável seu contemporâneo opôs o belo magnânimo arcaico. Não tinha muitos exemplos coevos a que aludir depois que o belo Wagner saiu-lhe deplorável, coisa que aconteceu, segundo Nietzsche, após o *Parsifal*. Conforme outros indícios, na sequência dos sarcásticos comentários de Wagner a propósito das qualidades compositivas e musicais do filósofo.

Acredito que alguém que intitulou um de seus livros *Humano, Demasiado Humano* merece que se releve o detalhe. Precisamente porque não tinha exemplos, Agaménon esteve a ponto de parecer-lhe um cavalheiro. Mas ele queria realmente para o futuro um mundo cheio de agamenões? Mais do que duvidoso. Queria, sim, um mundo cheio de indivíduos que soubessem de onde vinham e tivessem uma ideia clara e magnânima para onde queriam ir. Que não padecessem sob a superstição e tampouco ficassem cegos pelo positivismo; que se salvassem das credulidades científicas e não se conformassem ao utilitarismo como medida de excelência; que dessem ao bem comum o seu justo alcance, sem renunciar a ser quem eram. Com alguma aproximação, uma estirpe angélica com a qual se cumpriu a premonição de Hölderlin: toda vez que os homens quiseram fazer deste mundo um céu, transformaram-no em inferno.

Se Nietzsche denunciou a crueldade extrema dos velhos deuses, se percebeu os elementos de dor presentes no progresso, se abominou as ideias com as quais se pretendia a salvação coletiva, não é menos certo que utilizou um vigor imprudente para expressar suas ideias.

A FUNÇÃO DA ESTÉTICA

A partir da divisão que Nietzsche constrói entre o apolíneo e o dionisíaco, a arte aparece como meio de interpretar a vida. Apolíneo e dionisíaco são duas estéticas: a primeira apresenta a ordem e a segunda, o fluxo da vida. Ambas nos introduzem na visão trágica do mundo, a verdadeira para o Nietzsche, ainda discípulo de Schopenhauer, em seus primeiros passos filosóficos.

Pouco mais tarde, o Nietzsche crítico do cristianismo reduzirá a moral cristã a uma pura e simples indignidade. A genealogia desta moral a revela como ressentimento. O predomínio gregário impede a existência de construir propostas verdadeiramente livres, autônomas, morais. Por estranho que pareça, Nietzsche é, a seu modo, kantiano. O predomínio da razão prática frente à teórica, evidente em todos os seus esforços, se completa com o ato de assumir uma autonomia extrema, a fim de que a verdadeira moral seja possível. E o inimigo dessa moral é a religião, pois que com o cristianismo ascenderam ao poder os valores plebeus, o ponto de vista que as ovelhas possuem das águias, a unidade solidária dos fracos e piores, que logo mostra a sua face: crueldade frente aos melhores e crueldade perante os que ousam dissentir. E assim a crueldade converteu-se em guia da cultura. Cada ato que realizamos, cada ordem que obedecemos, que no princípio podem nos parecer simples, ingênuos ou espontâneos, foi gravado a fogo na estirpe humana. Mas gravado a fogo e sob tortura na carne de alguém efetivamente vivido, cuja dor padeceu, e sobre os olhos de quantos assistiram e consentiram no suplício. Cada verdade moral é um conjunto de sangue e dor. Deste poço de horror imemorial nasce a moral efetiva – não de nossos sentimentos ou razão. E para que isso se oculte – como assevera o aforismo que rege nossa cultura, "pudenda origo", calar e ocultar as origens –, essa moral se veste com os trajes da majestade divina. Deste disfarce emergem seu apriorismo e seu cumprimento ultramundano.

Logo, a morte de Deus nos liberta do além. Faz possível o advento do super-homem, que é gênio, espírito livre, audaz. A morte de Deus permite viver uma humanidade que dá sentido à terra por vontade própria, consciente.

POSITIVISMO OU MORAL

A vida encaminha-se para a autoconsciência e o super-homem pode assim elaborar a "transvaloração". Pois é necessário uma subversão de todo valor, uma ordem nova que abandone a moral do rebanho e reponha os valores passados dos fortes em um lugar de predominância. Isto significa a saída do moralismo para a moral verdadeira. Esta é a revolução que a humanidade precisa fazer. Embarcar em direção a terras incógnitas e abandonar o lodaçal humano já conhecido: cinismo, fragilidade, pobreza de espírito, hipocrisia, crueldade.

Mas o meio para a transvaloração é a arte e a justificativa da existência encontra-se na estética. O super-homem é um artista que faz de sua vida uma arte. Em toda verdade moral há um elemento de arte e o próprio mundo há de ser arte. Cada existência humana, uma obra de *kalós-kai-agazia*.

No entanto, para que isso ocorra deve-se também renunciar à metafísica do artista tal como ela é vivida contemporaneamente. Em *Humano, Demasiado Humano*, afirma-se que a arte, na qualidade de educadora da humanidade, está superada. Ela não pode oferecer a imagem total do mundo, pois não tem nem capacidade, nem legitimidade para tanto. O último ato de sentido não é estético. Tal visão havia sido dada pelo positivismo científico, no qual Nietzsche por certo não cria, mas que usava quando lhe convinha. A arte não pode oferecer a última visão porque o artista normal é um menino. A arte, na época contemporânea, não é senão lazer, ócio arbitrário, incrustado na sociedade do trabalho. E essa não é uma finalidade ou sentido que se possa dar à arte e ao mundo.

Houve um tempo em que a arte nos protegeu da verdade, como se diz n'*O Nascimento da Tragédia*. Agora nos será permitido criá-la. Mas não será a arte do artista capaz de fazer isso, e sim a do autêntico mestre da moral. Assistiremos à emergência de uma humanidade que se autoconhece, que não mente para si a propósito de suas origens, mas que quer cumprir um destino que ela própria se dá de força e beleza.

É óbvio que Nietzsche não acrescenta uma só categoria política ou de ação comum que torne isso possível. Permanece apenas na declaração moral. Daí que políticas divergentes – as do nazismo e do anarquismo – podem reclamar sua herança, como de fato o fazem. É um inimigo decidido da ação comum devido ao seu individualismo radical. E nada mais intransferível e subjetivo que esta moral que é arte também. Exige praticamente que cada um seja um gênio moral. Um hiperkantiano gozoso que salta da obediência bovina para a liberdade e para a produção autônoma do sentido. Que, além disso, realiza seus atos sob a perspectiva do eterno retorno, o qual assume o posto de imperativo categórico. Que, por fim, não pode arrepender-se, pois não se permite falhar.

A CIDADE DA VACA MULTICOLOR

Esta é a prédica que recebem os habitantes do mundo, vizinhos da "cidade da vaca multicolor" e da qual o profeta Zaratustra afastou-se. O que presidirá no futuro suas ações – o critério de bondade ou o critério de beleza? São na verdade a mesma coisa: *kalós-kai-agazia*. Mas nenhum deles é comum. São irredutivelmente individuais, intransferíveis; logo, e no fim das contas, inefáveis. A divisa do super-homem é: "porque assim o quero". Desde já, um sujeito dessa estirpe não é o limite do mundo, mas, ao contrário, sua primeira vanguarda.

Seguirão os habitantes da cidade o seu profeta? Não. Nietzsche não se esquiva de afirmar que ele prega não para os que vivem, mas para os que hão de vir. Chega até mesmo a escrever que será compreendido quando sua geração já estiver enterrada e um ou mesmo dois séculos se tenham transcorrido. Pois aquela geração que deu morte a Deus não era capaz de assumir as consequências de seu crime. Acreditou poder desfazer-se da antiga legitimação e, no entanto, conservar os mesmos conteúdos morais. E lhes dão as mesmas explicações fantásticas: a utilidade, os sentimentos... qualquer coisa que sirva para não se dar conta de que a vida transformou-se. Os criminosos, como de hábito, não estão à altura de seus crimes. Nem mesmo querem ser criminosos. Querem ser bons. Mas já não é possível ser bom da mesma maneira.

Já não é possível ser bom e colocar-se ao lado dos valores que negam a vida, estirpe à qual pertencem os valores herdados. Agora são necessários valores afirmativos, fortes. Humanos, e não humanitários. Claro que Nietzsche, ao se pronunciar dessa maneira, beira o abismo. E outros nele caíram.

Por sua culpa? Não me parece que quem não suportava ver um cavalo chicoteado, pois era inumano e contra a vida, houvesse querido o que esses pretensos discípulos realizaram. Mas não se deve esquecer que o próprio Nietzsche havia desterrado a culpa de sua moral. Culpa era sempre superstição. E por isso incompatível com a *kalós-kai-agazia*.

O núcleo mais rude das propostas estético-morais de Nietzsche é, enfim, essa perigosa oposição entre o humano e o humanitário[2]. O que é certo é que ele parte da valoração de seu mundo como um "mundo invertido", no qual toda a hierarquia encontra-se desfigurada, em que os piores dominam o cenário e não se detêm perante nada para tornar real a sua má vontade de poder. Não os deterá nem o sacrifício de toda uma geração europeia. É certo que a este mundo ele opõe a "boa vontade do poder" do super-homem, cuja virtude principal é a

---

2. Que é, certamente, a mais refratária a dissolver-se ou a se reconverter. Considere-se, por exemplo, o uso contumaz de piadas sobre o humanitarismo durante todo o século XX e a persistência de suspeitas sobre ele numa obra sincrética como a de Gehlen.

magnanimidade. Mas também, como todo profeta desesperado por não achar a audiência que espera, ameaça com a destruição deste mundo hipócrita pelas mãos da "besta loura" que não pôde ser domada. E essa ameaça parece comprazer-lhe.

Embora queiramos dividir Nietzsche em dois e separar assim o profeta irritado do filósofo magnânimo; ainda que ponhamos na conta do primeiro o haver dado sem querer a linguagem ao assassino, e anotemos na conta do filósofo a sua boa vontade de poder; embora aplaudamos seu intento de transvaloração em favor da união ética--estética, seu pensamento inaugurou a *filosofia da suspeita* e nunca poderá liberar-se dela. O último grecomaníaco do século XIX não soube articular a *megalopsyxía* com a *sofrosyne*, a grandeza de intenções com a prudência. Seu pensamento carece de suficiência apolínea, dito em seus próprios termos, e sonha com a chamada dos toques fúnebres, aqueles que retiram os piores de seus esconderijos. Justamente o que ele mais deplorava.

No período de sua primeira influência, é óbvio que Nietzsche não pôde ser julgado por referência a seus seguidores de entreguerras. Ainda não haviam aparecido no horizonte. Pelo contrário, foi seguido por adeptos fervorosos, vários deles teólogos, e considerado um enorme sorvo de ar fresco. Na atualidade, é reivindicado pelo pensamento pós-moderno, que faz dele a primeira figura desta corrente, na qual se instalam, sem dúvida, grandes filósofos do século XX. Sua influência é clara em Foucault, na hermenêutica, e em toda a filosofia sincrética dos finais da centúria. É pensado como chave para o futuro de nosso mundo, no qual, certamente, a cidade da vaca multicolor multiplicou-se até a exaustão. Pois não se deve esquecer que Nietzsche pensava dentro e para um mundo não planetarizado, enquanto este é o nosso caso. Ele pensa em tempos e espaços delimitados que já não existem. Isto não pode ser esquecido quando alguns iniciam a manobra de relançá-lo a um futuro que, de maneira alguma, foi previsto pela maioria de seus traços.

O ESTÉTICO COMO ÉTICO

De qualquer modo, e em que pese a pretendida união futura em uma nova *kalós-kai-agazia*, a ética de Nietzsche é mais ética do que estética, pois, embora não dependa de um critério estritamente universalizável, está claro que, em sua filosofia, a estética alcança um fim ético individual. Fim ético que não é uma totalização estética à moda de Schelling e que tampouco se restringe a um juízo de gosto. Essa ética estética, ainda que seja imanente e irredutivelmente individual, não possui uma finalidade própria. Não é uma estética do "faz o que te apraz", mas a do faz o que é bom e belo porque és bom e ainda belo, porque disso se necessita. Salva-te e salva o mundo. Essa ética estética não se deixa reduzir ao enunciado decadentista do "faz o que o belo te sugere, cria sem teologia, faz dandismo moral". A beleza não será salvadora. E tampouco é um momento intelectivo. Pois o ser que a genealogia da moral revela em parte não tem outro horizonte senão a ação.

IV

Se uma das forças operantes na mudança do século XIX para o XX foi o naturalismo, o vitalismo – que às vezes é tomado como parte do primeiro – foi outra de igual magnitude. Na verdade, não foi apenas uma parte do conglomerado naturalista, como normalmente se supõe. Não o digo apenas para praticar uma redundância, pois o vitalismo possui suficiente vida própria.

Para desvinculá-lo do naturalismo biológico, aceito como adequada a acepção de vitalismo que Ortega utiliza a fim de se distanciar do termo que, com frequência, ele mesmo aplicava à sua filosofia. Nós nos encontraremos frente ao vitalismo sempre que se estiver disposto a defender que no centro das ideias encontra-se situada a concepção de vida – mesmo que não haja outra maneira de conhecimento teórico senão o racional. Concepção de vida que é, além disso, o próprio problema do sujeito pensante. Dentro dessa acepção perfilada, cabem figuras significativas como Bergson e o próprio Ortega. Bergson é menos crente na razão teórica do que Ortega, pois que concebe a *vida* como realidade última, da qual se pode ter, ademais, um conhecimento direto. Ortega, que é seu próximo proponente, aceita-a de forma integral.

O vitalismo, no caso de Bergson, chega a deduzir uma ética porque enfrenta com seus próprios moldes conceituais o problema da liberdade. Além disso, o vitalismo é, por si, uma forma de encarar as totalizações: de fato, *vida* é um conceito unificador que torna possível uma completude. E na vida, ética e estética estão de novo vinculadas. O estético ou o ético, como completude do mundo da vida, é uma maneira de retematizar as questões herdadas da filosofia do século precedente.

Os predecessores e os sucessores dessa tematização sob a égide da vida são, por um lado, os clássicos românticos e, por outro, as filosofias da existência. Mas *vida* também integra a disputa entre positivismo e espiritualismo produzida na segunda metade do século XIX. Não a abordarei aqui porque não é bem essa a questão que me interessa, mas sim levá-la para o terreno apropriado ao nosso tema.

A FORÇA VITAL E AS MORAIS

Embora Bergson tenha como precedente remoto Maine de Biran*, sua concepção de mundo deve muito à filosofia romântica e, em especial, a Schelling. E não se deve esquecer que na filosofia de Schelling há evidentes elementos hassídicos[1] que Bergson incorporou pela via do judaísmo culto do último terço do século XIX. Isto às vezes é ignorado e então põe-se tudo na conta do espiritualismo francês. Mas ao se aceitar essa versão, esquecemo-nos também do quanto esse espiritualismo sofreu a influência de Schelling.

E há também uma outra tópica de contraste: sem dúvida, o evolucionismo comoveu profundamente o pensamento finissecular. Tanto que o historicismo teve que manter com ele uma dura batalha. De fato, as ênfases historicistas não podem ser compreendidas sem se ter em conta a possibilidade do evolucionismo positivista em funcionamento. Mas nem tudo foi historicismo. Contra o positivismo, a vida devia ser defendida. A própria vida, essa que também era história, havia de ser explicada. E dentro da vida, o mais inexplicável – a liberdade.

A liberdade, pensa Bergson, é indefinível. Nem sequer seria esperada e, no entanto, está aí. De modo que a sua presença há de modificar a própria ideia de evolução. A evolução é evolução criadora, não mecanicismo.

O *élan* vital, o encontro do vivo com a matéria, não está determinado. E nos seres humanos essa característica é sumamente acentuada. Não diferimos do resto da vida por nossa capacidade racional, que sem dúvida existe, pois essa mesma capacidade é também uma forma de vida em manifestação. Tampouco somos meros contempladores da vida – somos sim atores e criadores. O ser humano não é *intelligere*, é *Homo faber*.

Como criadora, a humanidade mantém-se por meio de suas formas sociais. E as formas sociais são, em realidade, formas morais. De maneira que usamos a palavra moral em dois sentidos: tanto como cimento social

---

* Filósofo francês (1766-1824) para quem o conhecimento e a consciência são frutos de ações que se deparam com uma resistência objetiva, exterior (N. do T.).

1. O mais evidente e o principal, aceito por Bergson, é o da matéria como fonte do mal, presente na mística judaica desde Luria e incorporada ao pensamento hassídico.

como na acepção de habilidade criadora moral. O cimento social (ordem) moral existe, sem dúvida, e a verdade sociológica é moral[2]. Mas há outra moral, aquela assentada no impulso vital, a que possibilita a evolução e o expandir-se do mundo da vida. Esta moral manifesta-se como superação dos obstáculos da matéria sob a orientação de um Deus imanente, de uma teleologia imanente.

A obrigação é o principal conceito da ordem social moral, mas na ordem criativa moral a obrigação perde importância porque o segundo tipo de moral é supraintelectual, é moral aberta. A obrigação é, sobretudo, hábito e hábito de contrair hábitos. A outra moral é a da vocação. Ambas coexistem no tempo e nos modos sociais; logo, há tensões entre ambas.

A moral da vocação ou do chamado está para a emoção, e a ela se vincula, assim como, no mundo prático, a intuição está para o processo intelectivo. A moral social é estática e a moral criadora, dinâmica. Ambas funcionam em uma sociedade que pode ser aberta ou fechada. Em geral, as moralidades se expressam em termos sócio-religiosos. E, de fato, encontraremos religiões que são mais ou menos fechadas. A religião fechada é aquela considerada como conjunto de rituais; a aberta é a mística.

ÉTICA E ESTÉTICA

Nesta sumária revisão dos gêneros abertos ou fechados de realidade, considerados por Bergson, é fácil ver-se a continuidade de suas proposições com a distinção entre *Moralität* e *Sittlichkeit* de Hegel[3], embora mescladas com a linguagem nascente da sociologia. Para encontrar-se um núcleo mais específico, deve-se procurá-lo lateralmente: as relações que a ética e a estética mantêm podem dar-se pela vertente oblíqua da teoria bergsoniana do riso.

O riso não é ético, afirma Bergson, é estético. Vai ao intelecto puro. Esta proposição é bastante notável porque estamos sempre predispostos a considerar o riso uma emoção ou a expressão de uma emoção. Mas Bergson assegura que o riso é intelectual. Para que seja possível se há de ser primeiramente espectador, isto é, uma consciência separada. Logo, deve-se ser humano. E "ser espectador" é uma das possibilidades de ser humano. Ser espectador converte qualquer drama em comédia. O riso tem por companhia a insensibilidade[4] e por inimiga a emoção. Não provém da arte, mas uma certa arte, o cômico, a promove. O cômico oscila entre a vida e a arte e daí a sua análise ser fundamental

---

2. O paralelismo de Bergson com Durkheim é evidente neste caso.

3. Para cuja elucidação mais completa remeto ao meu livro *Hegel y la Etica: sobre la Recuperación de la "Mera Moral"*, Barcelona, Anthropos, 1988.

4. *Du comique en général*, em *Oeuvres*, edição do centenário, Paris, PUF, 1970, p. 388.

para que se possa entender o tipo de relação estabelecida entre ambas. A arte retira as máscaras da realidade, desvela o caráter mecânico que superpomos à vida. Assim é que em todas as formas de organização pulsa a comicidade, que pode manifestar-se por suas maneiras consagradas de inversão e interferência[5]. Caso isto ocorra, o riso aparece e realiza uma função criativa importante. Uma função moral. Por um lado, e sobre a moral efetiva, o riso instala-se como mecanismo de controle social. Porém em seu aspecto criativo, desvelador, converte-se em moral estética. Revela o que há de artificial na lei social. Ensina-nos sobre uma parte oculta de nós mesmos. No riso, a natureza utiliza o mal para obter ou sugerir o bem.

Frente a esta possibilidade amarga e pouco justa de moral estética, a moral efetiva tende a se apresentar como completude. Em *Les Deux Sources de la Morale et de la Religion*, Bergson afirma que a coerência moral e sua tendência à completude brotam de um princípio de economia social. Ela pressupõe mais obrigações com a sociedade do que com a humanidade. A moral efetiva encarna-se em obrigações e não corresponderia à autêntica moral humana. A diferença entre ambas não seria de grau, mas de natureza.

A moral social é comparável à linguagem que se manifesta de modo indiferenciado face ao individual. A moral propriamente humana, ao contrário, encarna-se em modelos que, sendo irredutivelmente individuais, convertem-se em grandes arquétipos. Nesse sentido, é uma estética, que o mundo da vida a si mesmo se dá. Daí que a moral grandiosa seja mais parecida com a música e pertença ao domínio da arte[6]. Emoção, representação e criação encontram-se na gênese da moral. Mas a moral criadora alimenta-se da emoção, é supraintelectiva. O criador moral nos introduz em sua própria dança, em um timbre que antes não havia. Reúne harmônicos pré-existentes nesse timbre novo e, a partir daí, todos nós podemos vivenciá-lo. O que faz isso possível é a emoção.

Senão vejamos. Fala-se costumeiramente de emoção em dois sentidos que pouco têm em comum. Num primeiro caso, opomos a sensibilidade à inteligência ou fazemos da emoção um vago reflexo da representação. Aqui falamos de emoções tais como as estudadas pelos psicólogos, infraintelectivas. As emoções de segundo gênero, as supraintelectivas, não são consequências de ideias, mas suas geradoras. Estas se encontram na raiz da criação moral. Criação significa, portanto, emoção. Algo que não podia expressar-se, algo que inclusive se pensava inexpressável, consegue fazê-lo em uma obra de arte genial. Assim a arte cria. Por seu intermédio a vida se cria. Tanto a ética quanto a estética, desde o instante em que dependam dessa força criadora...

---

5. Que remetem, em qualquer caso, à categoria da transposição: do solene ao trivial, do melhor ao pior, etc. *Ibidem*, p. 445.

6. *Ibidem*, p. 1009 e ss.

se não são a mesma coisa, muito se parecem: dão expressão ao que antes se tinha por inefável.

A emoção se prolonga em *élan* do lado da vontade, e em representação explicativa do lado da inteligência. É a força da vida manifestando-se na espécie constituída. Mas Bergson não faz a defesa de uma "moral do sentimento", e sim da existência de uma emoção capaz de cristalizar-se em representações e, inclusive, em doutrina. Doutrina da qual não se deduz uma moral, pois nenhuma especulação cria uma obrigação, por melhor que tenha sido elaborada. É a emoção, à qual não podemos resistir, que atua. A moral, entendida apenas como um sistema de regras, não se fará nunca preferível intelectualmente a uma doutrina[7].

Os criadores morais, "fundadores e reformadores de religiões, místicos e santos, heróis obscuros da vida moral que pudemos encontrar em nosso caminho", rompem a resistência da natureza e elevam a humanidade a novos destinos. Há, possivelmente, uma força natural que atua por meio de individualidades privilegiadas. Mas não se pode dizer que a natureza as tenha previsto. De muitas maneiras a humanidade engana a natureza. A vontade tem seu gênio, como o pensamento, e o gênio desafia qualquer previsão.

Por último, o que transmite um criador moral – Sócrates, por exemplo – é seu impulso, não um conjunto de doutrinas. Esse impulso primitivo sempre permanece como brasa, ainda que a fogueira esteja a ponto de apagar-se. E sempre cabe revivê-la. Soprar sobre antigas brasas é, pois, outra tarefa humana. Só por esse motivo a história sobrevive: não porque narre ou ordene fatos, mas porque nos assinala onde a vida ainda existe.

VITALISMO E PERSPECTIVISMO

A corrente vitalista é tão forte na passagem do século que, sem violência, nela cabe a maior parte da filosofia da época. Sem dúvida, num sentido mais amplo, seus precedentes encontram-se em Schopenhauer; em outro, mais específico, na forma empregada para desenvolver-se: a ênfase no mundo da vida origina uma forma estável de ensaística – o ensaio em seu sentido contemporâneo – que se converte em um dos principais veículos filosóficos. O ensaio teoriza sobre aspectos parciais

---

7. Melhor deixar a palavra ao próprio autor: "Antes da nova moral, antes da nova metafísica, encontra-se a emoção, que se prolonga como força pelo lado da vontade e em representação explicativa pelo da inteligência. Suponha-se, por exemplo, a emoção que o cristianismo trouxe sob o nome de caridade: se a alma for ganha, disso se segue uma certa conduta, e também uma certa doutrina se expande. Nem a metafísica impôs a moral, nem esta moral faz preferível a metafísica. Metafísica e moral expressam a mesma coisa, uma em termos de inteligência, a outra em termos da vontade. E ambas as expressões conjuntamente são aceitas uma vez dada a coisa que se trata de expressar" (p. 1016, tradução da autora).

e perspectivas possíveis do mundo da vida. Todos os grandes ensaístas do século XX têm seu precedente em Simmel*. Tanto na forma quanto no conteúdo, o pensamento de Simmel provoca influências fora da Alemanha e, especialmente na Espanha, em Ortega y Gasset. Simmel compartilha com o vitalismo a visão global de um mundo carregado de evolução criadora. Neste mundo, cada indivíduo, cada espécie, é uma perspectiva possível de conhecimento e de interpretação. Em particular, cada filosofia é uma intuição total do mundo da vida e cada moral mantém correspondência com um caráter ético. A vida é ímpeto que jamais se contenta e segue adiante. A vida engendra as formas de cultura com as quais cria seus próprios obstáculos; mas só assim a vida "sobre-vive".

As totalizações valorativas, arte ou moral, são espíritos objetivos nascidos do sujeito. Mas existe uma profunda inimizade entre o processo vital criador e os objetos criados[9]. A mobilidade da alma parece morrer em seu produto. E aí, para superar essa distância, aparece o aspecto criativo teórico-prático do indivíduo. O espírito objetivado é axiológico e autônomo, e assim "as objetivações do espírito são valiosas para além dos procedimentos vitais subjetivos" que lhe deram nascimento. As categorias humanas objetivam pedaços particulares do decurso uniforme da vida e os enlaçam com reações estéticas, "solenes, simbolicamente significativas". A fonte de todo valor é a alma humana. A cultura é o processo de apropriação do objetivado e eleva o eu a um estádio de unidade e perfeição.

Mas as épocas históricas estabelecem limites de possibilidade a esse processo. As épocas cansadas e improdutivas convertem a moral em norma social e a arte em mero desfrute subjetivo. Por isso, os espíritos que criam os conteúdos capazes de durar enfrentam a cultura objetivada. No gênio criador, o subjetivo e o objetivo encontram-se unidos. No entanto, nos produtos objetivos da cultura, eles nos parecem estanques e herméticos. A obra de arte perfeita e os ideais éticos de perfeição são tão completos que deles não cabem extrair qualquer outra direção. Em suma, o fluxo incessante da cultura impede a totalização: os conteúdos da cultura afastam-se das finalidades da cultura "com uma aceleração cada vez mais rápida e a uma distância cada vez maior"[10]. Em um mundo regido pela parcialização e divisão do trabalho, a unidade conseguida sempre será objeto de nova ultrapassagem.

---

* Georg Simmel (1858-1918), sociólogo e filósofo alemão, responsável por uma análise dos conflitos em sociedades urbano-industriais, como as do individualismo e da despersonalização. Escreveu, entre outros, *Filosofia do Dinheiro* e *Filosofia da Modernidade*. (N. do T.)

9. Simmel, *Ensayos filosóficos*, Barcelona, Península, p. 209.

10. À maneira da física einsteiniana (*ibidem*, p. 232)

A CRISTALIZAÇÃO TEORÉTICA

A divergência apontada por Simmel é assumida por Ortega com tinturas pessimistas: a arte está desumanizando-se e a verdadeira moral, a moral da magnanimidade, não é compreendida. No entanto, apenas os povos que viveram construindo valores universais sobrenadaram na história[11]. Cultura é fazer ciência, ética e arte. E na cultura cabe sempre a boa transação, o acordo bom para as partes. Acordo que se produz a si mesmo, sem depender do consenso trivial, e não porque o critério de democracia deva ser extrapolado para aquelas esferas, o que seria morbidez (a democracia não é um "antes de tudo"). Se a democracia não suporta o privilégio, tampouco deve tolerar que os desiguais sejam tratados igualmente. Se o faz, degenera em plebeísmo, naquilo que Nietzsche chamou de *ressentimento*. Há plebe moral e intelectual. Houve e haverá. Ortega sublinha que tal plebe constitui "o estado-maior da inveja".

O dever ser moral é parcial e fragmentário e, portanto, somente com ele não se pode construir o ideal de uma sociedade. A excelência é uma norma supraindividual que, por mais que se a busque diretamente, não se a obtém. Ninguém pode propor-se como fim ser excelente, ser exemplar. Da mesma maneira, a arte já não possui uma visão total. Em Ortega, encontramos o mesmo ponto de fuga de Simmel: as totalizações são sempre pontuais e realizadas por um ser que, no caso de Ortega, caminha em direção à morte. A vida e a morte devem ser igualmente empregadas. Portanto, a moral que mais se avizinha da completude ético-estética é a moral do risco. Ela encarna as virtudes criadoras.

O FUTURO, DEUS DESCONHECIDO

Em toda a sequência conceitual do vitalismo encontramos o elogio de uma moral criadora que, em Ortega, acaba por se tornar moral da mortalidade e do risco. Mas o risco aponta para o que ainda não é, o futuro, isto que Maria Zambrano considerou "o deus desconhecido" da modernidade. Este mundo que não é politeísta, como Weber o considerou, e sim carente de deuses, se oferece à visão filosófica e a filosofia nele entrou como se ao inferno fosse[12].

Como a moral do super-homem não escapa do mundo da vida e da finitude (daí a armadilha que o mundo da vida lhe apresenta, o eterno retorno), o divino – que não pôde ser suplantado pelo prometeico humano – nos conduz ao nada. Este aparece rodeando o projeto

---

11. Nesse contexto, que se recorde o pensamento de Ortega, amiúde mal-interpretado, de que devemos esquecer o celtiberismo e recuperar nossas porções arianas.
12. Maria Zambrano, *El Hombre y lo Divino*, Madri, FCE, 1993, p. 174 e ss.

de ser, e a criação humana se torna um assunto inescrutável. O nada é inércia. O nada triunfa nas filosofias de Heidegger e de Sartre. Porque esse nada instalou-se, então os deveres e os afazeres o preenchem. Nem o bem é bem, nem a arte é arte, nem maneiras há de fundi-los. Nosso mundo produz objetos sem cessar, mas tudo acontece como se não acontecesse. As coisas não são nada, a menos que as padeçamos. O nada brota de maneira mansa. A arte corre para a dissonância e a ação recolhe este vazio infernal. "Quem pretende ser absolutamente, acaba sentindo-se nada dentro de uma resistência sem fronteiras. É o sagrado que reaparece em sua máxima resistência"[13].

O prometeico, autoconcebendo-se como ato puro, sabe apenas que está condenado a ser livre. Mas livre em um tempo, em algumas circunstâncias que devem ser padecidas como prisão. Não pode tornar-se uma teleologia para si mesmo. O ato puro e livre conseguiu circunscrever o estético ao preço de uma angústia ética. O mundo já não é um todo, e nem o ser humano é um microcosmo. Para que se tivesse uma tal visão era preciso a *pietas* e ela fugiu da Terra. A vida continua a ser avidez, esperança, fome e sofrimento, algo que não pode aspirar à unidade, limitando-se a um mecanismo entre outros mecanismos. O ser humano não conseguirá ser sagrado. A liberdade se fez negativa e a vivemos como vacuidade. A beleza foi desalojada e afastada. Ética e estética não são incompatíveis, são ambas inanes.

---

13. *Ibidem*, p. 187.

V

Consideremos essa descrição:

Se não existisse uma consciência eterna no homem, se, como fundamento de todas as coisas, se encontrasse apenas uma força selvagem e desenfreada, a qual, retorcendo-se em paixões obscuras, a tudo gerasse, tanto o grandioso quanto o insignificante, se um abismo sem fundo, impossível de ser preenchido, se ocultasse por trás de tudo, que outra coisa seria a existência senão desespero? E se assim fosse, se não existisse um vínculo sagrado que mantivesse a união da humanidade, se as gerações se sucedessem umas após outras do mesmo modo que um bosque renova suas folhagens, se uma geração continuasse outra da mesma maneira que de árvore em árvore um pássaro dá sequência ao canto de outro, se as gerações passassem por este mundo como os navios no mar, como o furacão atravessa o deserto – atos inconscientes e estéreis –, se um eterno esquecimento sempre voraz se apoderasse de tudo e não existisse um poder capaz de arrancar-lhe este butim, quão vazia e desolada não seria a existência!

Uma vez que o caráter terrível deste parágrafo tenha sido medido e pesado, que se una a este outro:

Comeria e beberia apenas para voltar a sentir fome e sede e voltar a comer e a beber, até que me tragasse a sepultura aberta sob meus pés e me esterilizasse eu mesmo como alimento para o solo? Produzo seres iguais a mim para que também possam comer, beber e morrer e deixar atrás outros seres semelhantes que fariam tudo o que antes ficou dito? Para que este círculo vicioso e este jogo sempre idêntico em que tudo nasce para desaparecer e perece para voltar a ser o que era antes, este monstro devorador e incessante de si mesmo que volta a nascer e que se dá à luz para voltar a devorar-se?

Completemos, finalmente, com este:

Em alguma apartada região do universo cintilante, esparramado em inumeráveis sistemas solares, houve uma vez um astro em que animais inteligentes inventaram o conhecimento. Foi o minuto mais altaneiro e falaz da história universal: mas, no final das contas, apenas um minuto. Após breves respirações da natureza, o astro congelou-se e todos os animais inteligentes morreram. Alguém poderia inventar uma fábula semelhante, mas não haveria ilustrado quão lastimável, quão sombrio, estéril e arbitrário é o estado com que se apresenta o intelecto humano no interior da natureza. Houve eternidades em que ele não existiu e, quando de novo, tudo se acabe para ele, nada haverá sucedido, pois que para esse intelecto não há nenhuma missão ulterior que conduza a vida humana para além. Não é senão humano...[1].

Apesar de transmitirem um *pathos* semelhante – poderiam formar parte de um discurso único – os três textos procedem de autores separados por décadas e ideias, e são mostra do mapa total daquele sentimento de mundo em que o romantismo se desdobra. O primeiro pertence a Kierkegaard e é, sem dúvida, a sua decantação particular de Schopenhauer. O segundo é anterior, de autoria de Fichte. O terceiro pertence a Nietzsche. Deve-se recordar que falta o quarto desta série, aquele que afirmou que tudo ocorre como a sucessão dos parágrafos parece indicar: Schopenhauer, ouvinte de Fichte, conhecido de Kierkegaard e a quem Nietzsche reconheceu como mestre.

Dos três textos se desprende um mesmo *pathos*, exclusivamente paisagem, pois que cada filósofo deu uma resposta diferente para enfrentá-la. Mas há entre eles a mesma assunção do que implica contemplar a realidade humana como parte do "mundo da vida". Esta perspectiva, a que chamamos naturalismo, foi a grande e abissal tentação da filosofia pós-ilustrada e provém, em última instância, dos sistemas materialistas franceses. No entanto, só no século XIX adquiriu sua relevância ética. Além disso, é uma perspectiva que se encontra ainda longe de definhar na visão corrente do mundo. Schopenhauer a fixou magistralmente e o positivismo do XIX só lhe acrescentou características insignificantes.

Em qualquer caso, o que nela se decide é, nada menos, do que o problema do sentido. Para Fichte, a moral é sentido. Para Nietzsche, deve-se fabricar moralmente o sentido. Para Kierkegaard, deve-se entregar-se ao absurdo.

O INDIVÍDUO E A VIDA OU O INDIVÍDUO E SUA VIDA

A oposição mais radical entre a ética e a estética deve-se a Kierkegaard. Ética e estética são duas possibilidades de mundo que se apresentam ante o sujeito; encontram-se não apenas separadas por um abismo, mas são ainda incompatíveis. Assim é a oposição que estabelece entre ambas, antes de empreender a cisura religiosa definitiva em sua obra

---

1. Os textos procedem de *Temor e Tremor*, *O Destino da Humanidade* e *Sobre Verdade e Mentira em Sentido não Moral*, respectivamente.

CAPÍTULO V

Etapas no Caminho da Vida. Nós a tomaremos a partir deste ponto. Kierkegaard não era um intelectualista moral. De todo modo, havia uma série de coisas em que não acreditava: no progresso, na história, na sociedade... enfim, em qualquer *nós*. A única realidade é o indivíduo. O ético não é um conjunto de regras; trata-se, na verdade, de uma disposição. Ao se tê-la seguem-se, por certo, compromissos, regras, hábitos, mas continua a ser uma disposição².

No que diz respeito a disposições individuais, a clarificação dos sujeitos em éticos ou estéticos não é arbitrária, pois nem sequer depende de uma eleição. Quer dizer, um indivíduo não decide ser uma coisa ou outra: ele é. Lembremos aqui ser este um pensamento similar ao de Schopenhauer – aquele que se expressa como "caráter é destino", algo já mencionado anteriormente. Pelo mesmo motivo, por sua proximidade, convém separá-los.

Schopenhauer afirma que toda moral, fundamentada na ideia de liberdade como possível eleição entre duas ações – após um momento prévio em que ambas as alternativas se apresentam à consciência – é um mito. Não existe tal deliberação e, se existisse, nada provaria que o ato praticado fosse sua consequência. O que, ao contrário, ocorre, é isto: quem atua se conhece em seus atos. O "eu" vem a ser a série de suas ações e esse conhecimento que tem delas é o que faz com que se preveja a si mesmo e que, melhor ainda, os demais possam prevê-lo com bastante exatidão. Não há *deliberatio*, não há eleição; em alto grau, não há liberdade, mas apenas um contrapesar de estímulos que sugere ao caráter manifestar-se na ação, ou, então, estímulos adversos que lhe dissuadam de fazer-se manifesto. Para dizer a verdade, Schopenhauer é o primeiro "condutivista"*.

Não é isto o que Kierkegaard propõe. Na coleção de escritos agrupados hoje sob o nome de *Enten-Eller*, publicada em 1842, os personagens heterônimos A e B adotam um o ponto de vista ético e o outro, o estético. Como nos lembra MacIntyre³, não é que A e B elejam entre o bem e o mal. A é estético. B é ético. E a eleição produziu-se antes de se conformarem como A ou como B. Ela é, na verdade, imotivada – uma eleição radical.

---

2. Agrada-me, por sua clareza e capacidade de empatia, o parágrafo no qual N. Bilbeny, no segundo volume de *Historia de la Ética* (Victoria Camps, Barcelona, Crítica, 1992) apresenta Kierkegaard como o filósofo responsável por identificarmos hoje a ética com *autodeterminação* e a estética como *autorrealização*.

* O termo nos remete ao âmbito da psicologia e à ideia de que "o fato psicológico é a conduta do ser vivo, conduta exterior, e não interior. É o conjunto dos movimentos, das ações, das palavras, de tudo o que é exteriormente perceptível, de tudo o que alcance objetos exteriores", segundo a definição de Pierre Janet. Agradeço a Roberto Romano o primeiro esclarecimento do vocábulo (N. do T.).

3. *Op. cit.*, p. 60 e ss.

Em outras palavras: se acho pertinente pensar o mundo em termos de bem e mal, já escolhi – sou ético. E se nem sequer me proponho a possibilidade de tal pertinência, sou estético.

O fundamental repousa em que não há razões verdadeiras para optar por uma ou outra alternativa. Se dissermos que há motivos para ser ético, já o somos. E se afirmarmos que não os vemos é porque já pertencemos ao outro lado do par – somos estéticos. Ética e estética são, portanto, incompatíveis. Cada uma delas se compromete com totalizações possíveis de vida que não têm um solo comum.

Ao apresentar assim as coisas, Kierkegaard passou por cima do fato óbvio de que uma ética comporta ou implica uma estética e também de que uma estética guarda certas relações misteriosas, às vezes contraditórias, com a ética assumida. E digo que passou por cima conscientemente porque, por exemplo, não o fez em *In vino veritas*, quando realizou sua extraordinária análise da moda como dever. Mas em *Enten-Eller*, obra inexcedível do pensamento paradoxal, lá onde ele alcança a perfeição, a afirmativa sobre a mútua exclusão ética-estética é claríssima: ambas são pontos de partida. Não são temperamentos, pois isso seria supor a linguagem e as ideias de Schopenhauer, as quais conhecia, mas não compartilhava (seu individualismo feroz e radical não tolerava a terminologia psicológica). São, sim, totalizações *a priori*. Não são igualmente estádios (embora as chame *Stadier*), posto não serem caminhos, nem possíveis ou obrigatórios, nem haver entre elas continuidade. Está claro que com a palavra "estádios" o autor se refere a uma plataforma de possibilidades com estrutura suficiente para sustentar-se a si mesma, em si mesma. São, finalmente, pontos de vista que nenhum indivíduo pode manter simultaneamente, já que são inconciliáveis. Em linguagem hegeliana, diríamos que se comportam como figuras excludentes da consciência, ainda que dispostas em par e irredutivelmente individuais.

Para ilustrar esta diferença, tanto nesta obra quanto posteriormente, Kierkegaard exemplifica a oposição entre o amor e o matrimônio. O amor, representado por Don Juan, o de Mozart, é estético; o matrimônio é ético. Um bom Don Juan não é um donjuan. Prefere a qualidade à quantidade. Mas a prefere esteticamente. Um bom sedutor não é o que seduz sem ônus, não; basta que seduza uma só vez, mas perfeitamente. Por fazê-lo bem se converterá em Pigmalião: a amada será seu objeto produzido e a ele pertencerá para sempre. Vá onde for, levará consigo sua imagem. Ela lhe pertence e, no entanto, nenhum dever o unirá a ela[4].

O juiz Wilhelmus é, pelo contrário, um marido que cumpre com seu trabalho, deveres e família. Sua vida está marcada e presidida pela

---

4. Para maior elucidação desta figura, C. Amorós, *Kierkegaard o la Subjetividad del Caballero*, Barcelona, Anthropos, 1987, assim como os capítulos sobre misoginia romântica em meu livro *La Política de las Mujeres*, Madri, Cátedra, 1997.

ideia do dever. Mas para ele, o dever não é um clima e o amor, outro. Sendo o matrimônio uma função ética, o que faz o dever é declarar boas e santas todas as coisas que provenham do amor. Quando se cumpre, o exterior se traslada para o interior. O dever deixa de ser um inimigo; os esposos se pertencem por uma vontade que se fez dever.

O certo é que muitas vezes as comparações borram o que se pretende afirmar, ao invés de esclarecerem. E algumas comparações de Kierkegaard são assim. O objetivo de *Enten-Eller* é ético, dirá anos mais tarde, mas teve que ser apresentado como se estético, a fim de atrair o público de maneira indireta. Se o público percebe os sinais estéticos de um escrito, tende a apreciá-lo e, tomando por base esse apreço, o autor poderá fazer com que receba remédios mais amargos e necessários. Admitamos que seja boa a intenção. Evidentemente, A é um expositor do amor romântico e B, do matrimônio consagrado. Vemos relativamente bem que B é um homem ético, mas o que há de estético em A?

A se parece com Fausto. Busca o instante e rejeita o compromisso. É o autor do *Diário de um Sedutor*. Por que isso há de se chamar estética, e não desfaçatez? Uma pessoa ética, alguém que elegeu outra coisa, o chamaria desfaçatez. A estética é justamente gozo e a ela repugna tudo quanto possa interromper tal fruição – por exemplo, a noção de dever. Quem poderia "dever gozar"? Não há uma ética hedonista; há que ser, necessariamente, estética, ainda que se apresente como ética.

TEMOR E TREMOR

Consideremos agora o ensaio de Kierkegaard cujo título está acima. Deixemos de lado, neste momento e pela complexidade, a distorção que o âmbito do santo introduz na oposição ético-estética. A ordem do religioso é distinta das duas anteriormente apresentadas e sua profundidade, tamanha (capaz, como é, de suspender a categoria do ético), que não vale a pena aqui desenvolvê-la, ainda que tenhamos de mencioná-la mais adiante. O que vemos neste livro, e neste título – pois que o autor assegura ter sido a obra toda escrita com temor e tremor –, é que ética e estética são comparadas, novamente, com amor e casamento. O amor é liberdade, o matrimônio é dever. O ético é o geral e, na qualidade de geral, o manifesto. O estético requer o oculto e o premia. A vida presente e seus relatos são estéticos, atêm-se a essa convenção do "poder-ser-expresso", mas, em si, não são o manifesto.

Platão comparou a filosofia com a ginástica, em parte por uma razão interna – seu pertencimento à tradição sofístico-dialética –, em parte pelo tipo de esforço e de habilidade que requeria. Kierkegaard tem uma comparação igualmente plástica e recorrente: o pensamento é como a dança, é dança. Mas também a ética ou a fé são movimentos, piruetas como as chamas. No entanto, acontece que já quase ninguém sabe realizar os movimentos corretos. Tudo se trivializou. Escreve, portanto, no prefácio da obra:

> Nossa época empreendeu uma verdadeira liquidação, não apenas no mundo mercantil, mas também no das ideias. Tudo se pode comprar e a um preço tão baixo que alguém há de perguntar se não chegará o tempo em que ninguém deseje comprar... quem quer que seja que tenha a filosofia como profissão ou afeição não se detém no estádio da dúvida radical, mas vai além... Todos levaram a cabo esta ação prévia e, ao que parece, resultou-lhes tão fácil que consideram desnecessário explicar o modo pelo qual a cumpriram... O que aqueles antigos gregos (que entendiam um pouquinho de filosofia) consideravam como tarefa de toda uma vida, pois compreendiam que a destreza em duvidar não se adquire em dias ou semanas... é em nossa época o ponto de partida[5].

Se quiser que o pensamento acompanhe os tempos, que vá além... mas o certo é que não há além. As verdades já existem e não é tarefa coletiva da humanidade descobri-las "indo além". As verdadeiras tarefas são individuais. A humanidade não caminha de maneira tal que economize caminho ao indivíduo.

A tarefa, isto é, ser indivíduo com todas as consequências éticas, estéticas ou religiosas, não possui atalhos.

"Se alguém que quisesse aprender a dançar dissesse: 'geração após geração, no correr dos séculos, foram sendo ensinadas aos homens as posturas e gestos das danças; por isso acho que chegou o momento oportuno de aproveitar toda essa experiência; assim que, imediatamente, vou me dedicar aos bailes franceses' – as pessoas se ririam muito dele. Mas no mundo do espírito resulta altamente plausível um raciocínio como esse"[6].

E essas não são nem as regras nem as piruetas do mundo do espírito. Do saber descrevê-las não se segue saber realizá-las.

Toda reflexão é estética e propiciada por homens estéticos, quer dizer, por aqueles que conhecem os passos das danças, mas nunca saberão realizá-los. Caso se entenda a cultura como massa acumulada de reflexões, a cultura é radicalmente estética. Consiste de partituras. E as partituras têm com a música uma relação semelhante como aquela que o discurso estabelece com a vida: ou são interpretadas ou não há música. As partituras não soam. A ética consiste de movimentos, assim como a fé.

A verdadeira cultura, se não é essa estética que se vende por tal, o que é? "Eu sempre a considerei como um caminho que há de percorrer o indivíduo para chegar ao conhecimento de si mesmo; e de muito pouco lhe servirá ter nascido em uma época ilustrada se não se dispuser a empreender esse itinerário"[7]. Na verdade da vida vivida não há progresso coletivo nem tampouco individual. A apreciação de que tal coisa seja possível é meramente estética. De modo que a

5. *Temor y Temblor*, Madri, Nacional, 1975, p. 53 e ss.
6. *Ibidem*, p. 110.

formulação à qual o século XX nos acostumou – a ética é uma reflexão sobre a moral –, de raiz kantiana, resultaria, em termos de Kierkegaard, uma solene estupidez.

Hegel raciocinava na *Fenomenologia*, e é provavelmente a melhor definição intuitiva de progresso já formulada, que os problemas que ocupavam as mentes mais privilegiadas dos homens mais maduros e sábios da Antiguidade tornaram-se questões que as crianças aprendem sem esforço e que assim ocorre, provavelmente, com todo conhecimento. Contra essa ideia, afirma Kierkegaard: cada geração não dá um passo sobre a precedente, assim como nada aprendemos do passado e nada ensinaremos ao futuro. A História não é significativa.

O que cada geração, cada indivíduo, faz é enfrentar o mesmo problema: como ser um ser humano. E o resolve bem ou mal. O passado só está aí para ser julgado com relação a si mesmo.

Ainda que uma geração possa aprender muito com as que lhe precederam, não é menos certo que essas nunca lhe ensinarão o que é especificamente humano. Sob tal aspecto, cada geração há de começar do princípio, como se se tratasse da primeira; nenhuma tem uma tarefa nova que vá além daquela precedente, nem chega mais longe do que ela, a não ser que haja elidido sua tarefa e atraiçoado a si mesma[8].

O genuinamente humano é a paixão. O amor é uma paixão; e a maior delas é a fé. Mas para quem não a alcança, ainda assim há tarefas a serem cumpridas.

Aqueles que suportam o mundo, como atlantes, não são os estéticos, que simplesmente o fixam. Os estéticos – permitam-me um pequeno anacronismo nietzschiano –, quando realizam sua tarefa, mesmo no máximo de suas habilidades, escrevem apenas uma história crítica[9]. Não são essenciais, mas apenas capazes de revolver o já feito por outros. Os que levam nos ombros o peso do mundo são aqueles que não se perguntam por que devem fazer o que fazem, nem o que é o dever. Simplesmente o respeitam e o cumprem. Essa ideia pode confundir-se com a que Hegel chamou *Sittlichkeit*. Devagar, não é isso. Os éticos devem ceder o seu posto e cedê-lo aos santos.

A ética, que é o geral e manifesto, *o sabido e querido*, em linguagem hegeliana, limita-se com o santo. O santo existe quando o ético permanece em suspenso, quando o particular pode e deve pôr-se acima do geral. O cumprimento do dever pode ir de encontro ao que é aceito ou se dá só de maneira aparente. Por fim e ao cabo, a consciência é inabordável. Abraão, Cristo, Francisco, até mesmo Lutero, não cumpriram com o sabido e querido e nada nem ninguém pode negar sua transcendência.

7. *Ibidem.*
8. *Ibidem.*
9. O Nietzsche da *Segunda Intempestiva*.

Se ético, estético e, menos ainda, o santo não são gradações ou estádios plotinianos para os que queiram ir a passo de dança no caminho da perfeição, mas formas completas entre algumas das quais só caberia o salto no abismo, então o que nunca poderemos esperar é que se possam reunir como um ideal de vida ou tendência assintótica de coincidência. Essas paralelas não se tocam no infinito[10].

LIMITES DE ÉTICA E ESTÉTICA

Cada estádio tem seu horizonte: a repetição é o da estética; o desespero, da ética. Para o estético, o mundo deve apresentar-se como repetição, pois nada há de novo sob o sol. Para o ético, sobressai o desespero, já que o mundo nunca cumprirá nossas expectativas. Só a resignação infinita, primeiro passo da fé, nos leva ao absurdo e, se há fé, deste absurdo nos transportamos à gozosa recuperação da finitude.

Pelo mesmo motivo, o cavaleiro da fé é irreconhecível. Não se delata, oculta-se sob a aparência da normalidade trivial. Mas vive o presente sem repetição e tédio; tampouco se desespera ou se angustia. Não espera do mundo mais do que a sua finitude e esta lhe agrada porque sua vida é o movimento incessante do infinito à finitude, realizado constantemente em uma pirueta de artista consumado. Mas não reúne o santo, o verdadeiro atlante, as virtudes do ético e do estético e as sintetiza. Na vida não há sínteses ou superações. Tais coisas só existem na reflexão.

Não há possibilidade de reduzir nem sequer a uma unidade de vida vivida esses dois pólos de tensão. Eles são vida.

---

10. No entanto, essa é a afirmação de Wittgenstein – a de que ética e estética se tocam no infinito, metáfora esperada de um matemático, pois que tais paralelas se encontram e se unem *sub specie aeternitatis*.

VI

Se abandonarmos o marco ontológico global em que a questão ético-estética vem sendo tematizada até o momento, e se descermos à arena em que normalmente se movimenta a filosofia moral, ou seja, como reflexão sobre as práticas sociais, veremos até onde coincidem ou divergem ética e estética.

ESTÉTICA PÚBLICA, ÉTICA PÚBLICA E POLÍTICA PRIVADA

Uma boa ajuda para isso pode provir de uma das mais fortes distinções nesse terreno, ou seja, aquela existente entre o público e o privado. E comprovar se ela amolda-se sem problemas à tensão ético-estética, ou se, pelo contrário, há maneiras de encobri-la que devemos considerar.

Quem quer que afronte a distinção público-privado, a menos que se conduza de maneira dogmática, há de começar admitindo sua perplexidade. De um lado, e quanto aos seus conteúdos, a distinção possui fronteiras muito variáveis e que não param de se mover. De outro, cada vez que tal distinção é posta sobre algo ou se quer fazê-la combinar com outra distinta, tem ela a assombrosa capacidade de obscurecer os assuntos ao invés de esclarecê-los. Se, por exemplo, tomarmos dados históricos, sempre relevantes, confirmaremos o que chamei de mudança de fronteira. Se pretendermos dar-lhe uma forma conceitual, observaremos como distorce os conceitos que utilizamos em nosso auxílio. Algo que se passa como no caso das escolas públicas inglesas, que todos sabem ser privadas.

Entretanto, a distinção entre público e privado chegou a ser em nosso tempo tão importante que se enlaça com a nossa própria concepção de individualidade e de liberdade. Isto é, uma clara distinção entre público e privado, conceitualmente clara, quero dizer, supõe-se de grande ajuda para definir as próprias margens da liberdade, em duas vertentes: uma, no direito do indivíduo de manter sua esfera de privacidade fora de intromissões não desejadas; noutra, no direito reconhecido das instâncias públicas de justamente publicizar características que foram consideradas privadas no passado.

Por nosso assentamento mais ou menos autoconsciente no individualismo herdado, tendemos a considerar mais relevante o primeiro ponto do que o segundo: com efeito, definir a privacidade converteu-se em uma das tarefas públicas e, neste espaço, as mudanças legislativas e de mentalidade não param de ocorrer. Mas temos também o movimento simétrico: tornamos públicas ou políticas certas atividades que, durante séculos, foram consideradas pertencentes à esfera privada. Sem entrar em detalhes, pelo momento, a dinâmica real em que ambos se desenvolveram é tão complexa que os faz absolutamente interdependentes. São, em si, conceitos que mutuamente se solicitam.

Usarei dois exemplos. De um lado, consideramos intromissão toda uma série de condutas que, sem nosso expresso consentimento, invadem nosso espaço, nele incluída a nossa própria imagem, e convertemos essas intromissões em atos delituosos. Mas, de outro, admitimos que as instâncias públicas tenham direito a legislar sobre âmbitos que, no passado, foram correntemente considerados privados – o direito de família, por exemplo. E a mesma noção de bem comum invade e se antepõe à de privacidade quando estabelece limites ao direito de propriedade.

Para pôr ordem em tudo isso, queremos uma distinção conceitual nítida entre o público e o privado, mas não a conseguimos, e acho que se tenha de complicar o assunto para chegar a consegui-la, ou, ao menos, tentar explicar por que é tão difícil alcançá-la.

GRADAÇÃO DAS ORDENS NORMATIVAS

Os seres humanos movem-se dentro de ordens normativas explícitas, semiexplícitas e também inexplícitas. O primeiro vínculo de ordem normativa explícita é com o direito em sua positividade. Quero dizer com isso que a fundamentação do direito, ainda que possa ser explícita, pode não sê-lo ou, em todo caso, pertence a uma outra ordem. O critério por excelência para que uma ação seja correta neste âmbito é que seja legal, o que não implica que seja justa e, menos ainda, boa.

A segunda das ordens, a semiexplícita, é a que se chamou eticidade, sistema necessariamente difuso e incompleto, no qual se articulam pautas sociais e normas não estritamente jurídicas que conservam o âmbito dos costumes. Este âmbito, o dos *mores*, é muito intuitivo, e, ao mesmo tempo, complexo. As ações aqui consideradas corretas são as que se consideram "normais" ou "apropriadas". Não se codificam e sua sanção é grupal (não pública, em sentido estrito), e por vezes este âmbito foi concebido como o que podemos chamar de *moral efetiva*[1].

Um terceiro âmbito normativo é o propriamente moral, que pode ser explícito, mas não se identifica com a positividade do direito – pois seu sistema de sanções é divergente em relação àquele –, nem com os *mores*. O que nele importa é que a ação seja *boa*, ainda que contrarie o direito explícito, legal, e os costumes. Trata-se de um universo recente, tanto que Hegel o atribuiu à inventividade de Kant. Em todo caso, ainda que possa ser inexplícito, este âmbito pode ser explicitado. Toda moral é argumentativa *ante facto* ou *post facto*. Se pode ser publicizada, deve poder ser publicizada; mas, enquanto autônoma, é privada.

Há, no entanto, uma quarta esfera normativa, à qual prestamos menos atenção – a estética. Pode-se pensar que a compulsividade estética seja um fenômeno recente, se é que estamos considerando, sem a profundidade devida, aspectos como a moda. Afirmo "sem a profundidade devida" porque, sob o que a palavra moda esconde, poderíamos narrar a história quase completa das formas de cultura e as teorias que as validaram. Entretanto, é óbvio que ninguém nega a história dos estilos: estilos e estilo são termos sérios e admitidos, que parecem perder peso quando se utiliza "moda". É bastante diferente. O caso é que em nossas vidas há uma série de ordens potentes e geralmente inexplícitas que provêm da esfera da estética. O que as caracteriza? Justamente o fato de serem inexplícitas e não haver compromisso com a explicitação. São manifestas, mas não argumentam. E das duas, uma: ou gozam do consenso geral, ou são o fundamento não argumentado de tudo o mais.

PÚBLICO E PRIVADO, ESTÉTICA OU ÉTICA

Para dizer a verdade, ao fazer afirmações tão arriscadas como as precedentes, tive a precaução de não vir desacompanhada. E por isso tenho o prazer de apresentar alguém que as sustentou antes e melhor do que eu: Schiller. E desde logo, se um fundamento é inexplícito, é também um absoluto e, ademais, um perigo, ao menos do ponto de vista racionalista. Melhor voltar a Schiller, antes de julgar. Acontece que Kant, a quem Schiller admira muito, e nós também, pôs o ser humano, relativamente ao mundo sensível, no interior da cadeia causal fenomênica; e, quanto ao mundo inteligível, dentro da racionalidade moral, com a seguinte anotação: "a lei moral, embora não nos dê ne-

---

1. É o sentido utilizado por Dupréel, por exemplo, e é também o caso de se falar de moral a partir dos pressupostos da antropologia cultural: costumes e pautas que os ordenam.

nhuma perspectiva, ao menos nos proporciona um fato, inexplicável perante os dados do mundo sensível e de toda a extensão do nosso uso teórico da razão, fato que aponta para um mundo de entendimento puro e, mais ainda, o determina positivamente e nos faz conhecer-lhe algo, a saber, uma lei"[2]. É uma lei independente de qualquer condição empírica, autônoma, incondicionada, quer dizer, que não se atém à exterioridade, nem à causalidade. Pois bem, ocorre que – para desgraça não apenas de Schiller, mas de todos os idealistas – isso parece uma cisão impossível, e para a qual há de se buscar uma mediação.

Vejamos uma forma possível: por um lado, estamos entregues à mecânica fatal do sensível e de suas leis, quer dizer, somos animais que compreendem a natureza, o objeto, sob a forma de lei. Isto nos faz racionais, mas só em certa medida. O raro em nós é a lei moral, que realiza o milagre de que, quem determina leis, impõem-se igualmente leis. Como ou por que se dá esse passo? Bem, Hobbes tinha muito claro que era o medo mútuo. Bentham o traduziu, com maior benevolência, para utilidade. Nem o medo, nem a utilidade, para Kant, nem para nenhum de seus discípulos, da época ou contemporâneos. A utilidade não é uma lei, é um cálculo. E o medo funciona provavelmente no mundo sensível, mas não justifica a emergência da majestade da lei moral no mundo inteligível.

O que faz com que uma lei seja lei é a sua universalidade, pois não daríamos esse nome a algo que não o fosse. A lei moral é, por certo, em si universal, ainda que nenhum ser fenomênico a cumpra integralmente[3]. Com tais premissas, nada há de estranho no fato de até mesmo os seguidores de Kant quererem nele encontrar a junção dos mundos sensível e inteligível, uma espécie de glândula pineal com a qual Descartes se pôs a passear[4]. E os kantianos a buscaram com mais razão ainda do que os cartesianos, pois esta tradução de Kant de alma-corpo para sensível-inteligível é clara e completa, tanto ou mais do que a cartesiana de entendimento-extensão. E entre ambas havia decorrido um século de materialismo sensacionista e utilitarista.

O problema é como se passa ou se passou de uma ordem a outra. Que fique dito que para Kant não existe tal problema. Não compartilha o historicismo de seu discípulo Herder, nem a tradução de fonte revelada de seu irreflexivo admirador Fichte. Kant não se pergunta se

---

2. *Crítica de la Razón Prática*, Buenos Aires, Losada, p. 49 e ss.

3. Não há exagero nesta descrição dos perfeitos kantianos: animaizinhos sempre com as mesmas características, orelha antiutilitarista, patinhas antissensualistas e rabo antirrealista. Independentemente das bestas céticas crerem ou não em sua existência, eles existem, ainda que não haja um só, pois são uma "condição de possibilidade".

4. Da mesma forma que para o cartesiano não se pode proferir "eu não existo", pois este é um enunciado impossível, para o kantiano não há a possibilidade do "eu não sou livre", ao mesmo tempo em que se diz "eu sou humano". Ser livre e ser humano são a mesma coisa.

viemos do fundo dos tempos e daí arrancamos o que se chama espírito, em fases crescentes de finura, nem mesmo se o que temos de espiritual é algo que outro espírito maior nos fez conhecer por sua graça. Kant nem mesmo o denomina espírito, porém mostra que a tensão entre o sensível e o inteligível ocorre simplesmente, e ponto. Mas para Schiller, parece-lhe que ambas as coisas são possíveis. Adiantemos, ou não terminaremos: a estética é o fundamento de possibilidade da ética e seu fundamento em dois sentidos. Fundamento genético, porque antes veio o decorativo e só depois a boa vontade; e fundamento absoluto, pois se a ética é liberdade, a estética é *a liberdade*. A liberdade em si, nada menos.

De Schiller se diz que inventou o que na origem era o jogo e os de espírito lúdico não cansam de se alegrar. O que não se diz é para que o inventou. Fê-lo para complementar Kant, para compreender seu texto favorito, a *Crítica do Juízo*. Ali Kant havia afirmado a necessidade da expressão sensível para a moral inteligível. Mas não bastava: o céu estrelado, a lei moral... O céu estrelado "E" e a lei moral. Esse "E" é todo estética, reflexão, totalização, mediação, fundamento. "Uma das tarefas mais importantes da cultura é submeter o homem à forma, inclusive em sua vida simplesmente física, e fazê-lo estético tanto quanto possa alcançar o impulso da beleza, porque *o estado moral só pode desenvolver-se do estado estético e não do físico*"[5].

E se Schiller só estivesse ganhando o seu pão? O que ao menos se poderia dizer é que o fazia com o suor do rosto. As *Cartas* não são impensadas ou levianas.

De saída, a segunda delas reconhece que a mais perfeita obra artística é a construção de uma verdadeira liberdade política. E também declara o seu amor ao tempo em que vive: "não queria ter nascido em outro tempo... é-se tão cidadão do tempo como do Estado". Permito-me sublinhar – cidadão, não filho. Declara que é artista, confessa sentir que a arte e a imaginação estão sendo sufocadas pela ciência. Declara, pois, seu medo. Mas diz também que, em uma época em que se joga o destino da humanidade, a arte há de entrar na "conversação geral", que é seu fim de século. E do mesmo modo, mantém com tenacidade que só por meio da beleza se chega à liberdade.

Se há de transformar-se o estado natural em estado moral, a razão não deve tirar a escada da natureza que está sob os pés humanos: entre as forças naturais e as leis, a estética media, o sentimento media, o individual media. "Na prioridade do impulso sensível (que em nós acontece ontologicamente), encontramos a chave de toda a história da liberdade humana". A arte e a liberdade são naturais e "esta disposição intermediária, em que a vontade não está obrigada, nem física, nem

---

5. Schiller, *Cartas sobre la Educación Estética del Hombre*, Madri, Aguilar, 1963, p. 128.

moralmente, e, no entanto, age em ambas as esferas (do sensível e do inteligível), merece ser chamada preferentemente de livre disposição; e se ao estado de determinação sensível dá-se o nome de físico, e ao estado de determinação racional, o chamamos lógico e moral, haveremos de chamar de *estado estético* a este estado intermédio de determinação real e ativa.

ÉTICA E ESTÉTICA NA VIDA COTIDIANA

Da ética se pode dizer que possui um núcleo situado na ideia de justiça. E da estética, que ele se situa sobre a ideia de beleza. Esta apreciação tão nítida nos permite separá-las, mas apenas analiticamente. Temo que, na vida vivida, ambas estão perfeitamente mescladas. E o mais notável é que, se há alguma coisa por antonomásia público, essa é a estética e, se também por antonomásia, há algo de intransferível, esse é o critério do gosto. De maneira que a estética impera, mas cada um se concede a ilusão de poder diferir absolutamente desse império. "Sobre gostos não há nada escrito", continua sendo uma frase que se pode escutar, ainda que sobre o tema e quais são os melhores, nunca se tenha deixado de escrever.

Mas o que acontece com a ética? É também pessoal e intransferível, embora o seu traço mais forte seja o de poder ser universalizável, quer dizer, não depender de critérios de gosto, mas sim de outros, aos quais denominamos fundamentos. Critérios que, ou são públicos, ou que podemos publicizar. E mais ainda: essa mesma publicização é o passo natural em direção à política, tal como, por exemplo, o encara Berlin em seu ensaio *El Fuste Torcido de la Humanidad*[6], no qual a política é definida como "o fazer comum da ética".

Mas, seja pelo que for, este nosso querer não se cumpre. Desejamos uma ética pública e uma estética privada, mas, em realidade, temos uma estética pública e uma ética privada. De novo, tomo a precaução de não vir desacompanhada para fazer tais afirmações.

O que chamamos aqui de estética é uma das formas fortes e simbólicas de poder, capaz, inclusive, de agrupar os indivíduos em estamentos sociais, de acordo com gostos e preferências em que tenham sido instruídos e dos quais se orgulham. Poucas vezes se percebe que uma completa sociologia do conhecimento, como a de Bourdieu, passa além de uma teoria social. Não quero dizer que não o seja, mas que possui uma profundidade distinta daquela habitual nas teorias sociais – outro matiz, outra densidade.

Bourdieu realizou[7] o que podemos facilmente conceber como uma atualização da teoria do consumo conspícuo de Veblen. Enquanto Veblen sublinhou os aspectos simbólicos e não utilitários do consumo,

6. Barcelona, Península, 1992.

e sua funcionalidade dentro da estética da hierarquia social, Bourdieu apresenta uma quase completa sociologia do conhecimento, na qual a estética é primordial. A estética une e divide, é cimento social e hierarquia, é essencialmente pública, já que se manifesta em objetos e sujeitos que, ao se vestirem todas as manhãs, se estetizam. E não parece que Bourdieu atribua ao estético a liberdade como um de seus predicados; como tudo o que é eminentemente público, a estética é compulsiva, pois atua como um dos *mecanismos de coesão* grupal, para usarmos uma terminologia de Klapp[8].

É isso o que sempre desagradou ao marxismo frankfurtiano da estética: que seja divisora e compulsiva. Mas vamos por partes. É eficazmente divisora porque hierarquiza; no entanto, o que desagrada a Adorno é que "massifica". Em sua opinião, produz clones; desindividualiza e, portanto, desumaniza. Logo, não pode ser uma ética. Diz-se que, como bons representantes de uma refinada cultural finissecular, os membros da Escola de Frankfurt não compreendiam a nova sociedade massificada e consumista, e a desapreciavam com essa atitude de um diletante antigo. Poderia ser. De qualquer modo, não acreditavam que a estética que viam difundir-se e dominar a cena contemporânea fosse liberdade, mas o seu contrário.

Mas, e a ética? Temos um autor contemporâneo, MacIntyre novamente, que nos disse que o esteta é uma das figuras do nosso tempo, enquanto a ética desapareceu, graças ao uso emotivista dos termos morais. E o assunto mais se complica se tomarmos a ação comum como referente preciso do público, isto é, da ação política. E a ação individual, inclusive a que dissente, como a melhor referência do ético.

Sem pretender enovelar demasiado, o primeiro análogo do público é o político. Mas "como só o individual atua", para citar Hegel em meu auxílio, o primeiro referencial do ético é o privado, e, conforme o meu querido Javier Muguerza, mais ético quanto mais dissidente. Desta maneira, o propriamente ético torna-se uma arte, uma "*ars* política de si próprio"; política porque é seu destino transformar-se em ação no mundo, mas *ars* no sentido tanto renascentista quanto barroco, neste caso o barroco hispânico, pois não há dúvida de que um dos signos dessa ética é justamente de caráter estético, a criatividade.

Em outras palavras: concordamos que obedecer ao que meramente existe não é um critério moral, mas pura heteronomia. Submeter a ação à lei universal é possível sempre que se o faça de maneira autônoma, o que quer dizer não tanto salvar o que foi herdado, como poder introduzir valores, isto é, admitir esse momento estético prévio de liberdade do qual falava Schiller. E como quem atua age a partir de si mesmo,

---

7. Em *La Distinción, Critério y Bases Sociales del Gusto*, Madri, Taurus, 1988.

8. Refiro-me à sócio-semiótica moral que o autor desenvolve em *Información y Moral*, Madri, FCE, 1985.

a verdadeira ética é privada por duas características: privada por ser autônoma, privada por ser individual. Não consciente, dissidente. Não submissa, criadora. E vejamos como isso não é tão distinto do ideal aristotélico da prudência, o qual não pactua com as regras, e sim com o exemplo individual. De início, "divirja" não pode se converter em um imperativo kantiano. Não vejo de que modo possa ser universalizável, nem o que disso se seguiria.

A ÉTICA COMUM, A ESTÉTICA COMUM

É de Lecky a ideia de que as sociedades podem dividir-se em sociedades de culpa e sociedades de vergonha. Nas primeiras, supõe-se que o sujeito incorpore a culpa e esta se transforme em sua punição. O controle social é um manejo oculto da culpa, introjetada previamente ao longo do processo educativo. Todas as sociedades avançadas tenderiam a esse estado de coisas. Ao contrário, nas sociedades de vergonha a transgressão ou a falta é algo que se dá significado objetivo, mediante signos, rituais de expiação, castigos etc. O controle é mais visível e rude e supõe-se menos forte (embora não saiba em que se baseie esta pressuposição).

Pois bem, é claro que uma estética comum nos introduz em uma sociedade da vergonha, que funciona perfeitamente em paralelo e sinergia com a suposta sociedade em que a culpa é atuante. Dado que a estética é pública, suas dissidências também o são e se veem castigadas normalmente com a exclusão. Trata-se da piada do grande crítico de costumes Tom Wolfe – "o mal das pessoas de mau gosto é que, além de tudo, vestem-se com mau gosto", enquanto os afortunados podem dar-se ao luxo do disfarce, da hipocrisia. As sepulturas caiadas podem mostrar-se sem constrangimentos, ao invés daquelas indigentes que se delatam – contra a compulsividade da estética comum –, ao não compartilhar a ética comum. Só quando a moral também se converte em estética, e isto ocorreu com o puritanismo, por exemplo, a acusação normalizada é a da hipocrisia. Sob as formas estético-morais corretas escondem-se os vícios. Daí que a estética vanguardista se autoapresentou como luta contra a hipocrisia e a favor de mostrar ou revelar o estado de coisas realmente existentes.

Quando esta situação não ocorre, fica claro que o poder compulsivo de uma estética é maior do que o de uma ética, pela simples razão de que esta não é vista, não se exibe, e a doença condigna de tal situação é o cinismo ou a anomia. Os argumentos éticos ou são abandonados ou se travestem de estéticos, e as pessoas acabam não sabendo o que está bem ou mal, pela também simples razão de que suas ações não recebem respostas condignas.

Entretanto, existe uma esfera em que a transparência é constantemente requerida: o âmbito público por excelência, a política, da qual se exige uma ética e da qual normalmente se deplora a estética. A demonstração do poder é obscena[9]. E a ética, ou sua simulação, converte-se no traje adequado, quer dizer, na estética do político.

ARTES DO PÚBLICO, ARTES DO PRIVADO

Da ética supõe-se que vigore no privado e no público, mas receia-se que no âmbito público, o da ação coletiva, a ética se torne, necessariamente, uma estética: o lugar em que a mulher de César deve parecer honrada. Algumas declarações não se fazem, certas demonstrações de poder são insuportáveis e as aparências devem ser mantidas. Sob tudo isso, no entanto, o cidadão intui haver uma constante pechincha que forma parte da ação política e que não pode vir a público. Constitui um sistema de abastecimento tido por necessário, mas inestético, ou, dito claramente, feio. A demonstração de publicidade deve ser feita sobre o trono augusto da lei moral.

Se a verdadeira ética é privada e a ética pública é estética, a estética comum é inexplícita, compulsiva, e a isso se acrescenta que estamos em posição de exigir, e de fato exigimos, que as ações públicas ultrapassem o critério do meramente legal. E então existe, ao menos quebrada, uma linha entre o público e o privado.

Sem dúvida, existe o moderno acordo, em nosso mundo fora das sociedades de vergonhas étnicas, religiosas ou arcaicas, segundo o qual muitas coisas são privadas, o que quer dizer que com elas não se podem fazer assuntos de relevância pública. E assim é por motivos de tolerância e de individualismo, provenientes da tradição moderno-ilustrada. Mas em nossas sociedades, por exemplo, ainda que as crenças religiosas sejam privadas, as igrejas são públicas; embora o voto seja privado, os partidos são públicos. E da mesma maneira, desaparece o acordo de que há recintos privados inacessíveis à publicidade e ao direito, à discussão e ao diálogo: família, corpo, sentimentos, relações etc formam um novo domínio do público que abrange tudo o que o movimento feminista de 1968 assinalou, ao afirmar: "o pessoal é político". Público e privado encontram-se agora, mais do que nunca no passado, entretecidos e em constante disputa de fronteiras. E não é tudo. Como já vimos, de fato a ética e a estética entram nesse jogo de público e de privado desde o momento em que mudam seus nomes, conforme funcionem em uma ou noutra esfera.

Em toda moral, dizia Nietzsche, há um elemento que é arte[10] (recordemos, ainda que para repetir). Ele se encontra no individualismo necessariamente assumido e é perfeitamente assumível, mas é também o elemento ao qual o comunitarismo de baixo ou de alto estofo procura

9. Veja-se Carlos Castilla del Pino, *La Obscenidad*, Madri, Alianza Universidad, 1993.

dar fim. Pessoalmente, considero de alto estofo o comunitarismo de Habermas, e de baixo o de MacIntyre, mas o estofo é indiferente, pois ambos sublevam-se contra a ideia de que a regra do correto possa ser marcada pelo indivíduo, segundo seus próprios critérios. O bom individualista não afirma que a conduta moral vá ser regida pelo critério do gosto – o que a converteria em estética, no pior sentido –, e sim que ela mesma converte-se em arte, e mais artística quanto maior seja a criatividade pedida, isto é, a autonomia.

Há investigadores que dedicaram seu trabalho a identificar e a nos informar sobre os modos e os tempos em que o nosso aprendizado moral se realiza. Isto, em si, é louvável. O que começa a ser perturbador é que todos eles, de Piaget a Kohlberg, tenham acumulado sinais aos quais resolveram chamar de *estádios* ou *fases*. O último, Kohlberg, aceita como boa a suposição habermasiana, de origem kantiana, de que a autonomia e a criatividade formam parte do estádio superior moral. E se apenas afirmasse isso, tratar-se-ia de uma simples tomada de posição. O mal é que tenta provar outra coisa com isso. Por exemplo, que unicamente certas populações do planeta, e apenas de um só sexo ainda, o masculino, chega àquela desejável fase superior. E o admirável é que o universalismo habermasiano faça seus ajustes e adapte-se a tal teoria sem nenhum embaraço.

Essa estética criativa é bastante cara, como certas e poucas coisas o são. Para poder dizer "minha ética" há que se dizer, normalmente, "minha casa", "minha posição", "meus iguais", "meus créditos" (não necessariamente bancários), "minhas *n* coisas". É uma ética que se correlaciona bastante bem com as esferas do gosto que Bourdieu utiliza para classificar as posições sociais. É evidentemente estética e, em verdade, tem seu autêntico nascimento nas morais renascentistas e barrocas, morais sem dúvida aristocráticas.

Ao fim e ao cabo, os grandes moralistas do Renascimento e do Barroco insistiram na existência de uma arte de viver, arte distinta da mera coerência. Assim foi com Castiglione, Montaigne, Gracián, La Rochefoucauld, La Bruyère, embora em alguns deles a ideia de *Ars* estivesse profundamente carregada dos significados de premeditação e dissimulação. Mas não em todos. Sem querer propor métodos ou normas, mas desejando, todavia, desvincular-se da moral herdada, alguns propunham a soberania de si e das ações segundo critérios de excelência e nobreza[11].

Os piores deles, e sinto colocar Gracián no topo da lista, por seu *Oráculo Manual*, aconselham uma política privada, um maquiavelismo da própria apresentação que possa converter-se, antes ou depois, em eficácia para os interesses próprios. Mas que não seja notado. De qualquer modo, esta moral, que começa a descobrir o que mais tarde

10. *Fragmentos Filosóficos*, Obras Completas, tomo II, Madri, 1967, p. 453.

será tomado por privado e íntimo, depende de critérios de preferência que, ou são inexplícitos, ou vagamente benévolos dentro de um ceticismo global e elegante, e que como resultado normal tendem a unir-se ao critério do gosto. Quer dizer, este tipo de moral edifica-se com critérios que são quase diretamente estéticos. Não supõe equivalência entre os implicados e seu tipo de sanção não é nada claro. O critério de elegância nas ações ou em sua nobreza não contém relevância pública universal, sendo apreciado apenas por um grupo seleto. Faz parte da honra e de suas regras, necessariamente restritas a quem as usa, com quem se usa e entre aqueles que podem julgá-las: grandes homens, grandes obras. Pertencem às sociedades nobiliárquicas; são parte de seus privilégios por utilizar, neste caso, a tipologia de Montesquieu – para os que, por sua posição, já possuem fundamento para a satisfação própria, mais se lhes proporcionam. Mas como tudo se democratiza no alvorecer da modernidade, desde então somente proporcionam isso: a satisfação própria, não a imperecível fama homérica das morais heroicas arcaicas.

Em verdade, a exigência de criatividade moral condiz com o diagnóstico de Schiller para justamente não se cair nos abismos heterônomos da eticidade realmente existente. Com essa disposição nasceu tal exigência nos moralistas renascentistas e barrocos, que foram aqueles que assentaram alguns dos fundamentos a partir dos quais o sujeito moderno pôde emergir. Herdava os traços da moral da excelência aristocrática e, ao mesmo tempo, fabricava o legítimo orgulho de si mesmo do burguês. Ajudava a suplantar uma aristocracia do sangue por uma aristocracia do espírito (da qual, é obvio dizer, o baixo clero heterônomo não desfrutava)[12], e com o tempo passou a ser fundamento da política, quando este princípio se incorporou à ideia de cidadania, contrapondo-se à ideia de servidão. Ser um cidadão, e não um súdito, é ter a potestade de dar-se normas e cumpri-las porque alguém as deu. É ter o direito de que essas normas sejam as *melhores*, quer dizer, de que a ética converta-se na estética da política, como já disse. Por fim, ser cidadão é também reservar-se o direito de não concordar com elas, mas, atenção: apenas por cima, quer dizer, superando-as, e não rebaixando-as. Invocando para a própria ação um critério mais alto, mais difícil, axiologicamente maior.

Bem, quantos se podem permitir isso? Todos, responderá sempre um kantiano. Os gênios morais, dirá Schelling. Duas ou três pessoas

---

11. São os antepassados do individualismo moral. O menos que se pode dizer de Kant é que é o individualista mais raro da história do pensamento, já que esta *Ars* intransferível não tem como conciliar-se com o acordo que o imperativo categórico deve, necessariamente, provocar.

12. Que se leiam sob essa luz as *Provinciais*, de Pascal, e se compreenderão seus reproches aos moralistas casuístas e jesuítas como verdadeiramente o são, ou seja, censuras estéticas, não dogmáticas.

ao longo da história completa da cultura, afirma o muito quantitativo Hegel. O comum dos mortais vive, ao contrário, dentro de uma *Sittlichkeit** grupal que há para todos os gostos, cada uma com seus critérios próprios de excelência. Pode-se ser um bom ladrão, um bom canalha, e nenhuma dessas expressões são irônicas em seus respectivos domínios.

E naturalmente, em tais condições, o que fica é uma política privada, de cada um, que pretende que a ética seja a estética do público e reclama para si, por cima ou por baixo, um estatuto distinto.

---

* A *Sittlichkeit*, que em termos correntes corresponde à moral ou moralidade, possui, em Hegel, um sentido particular, normalmente traduzido, em português, por eticidade. Significa a moralidade realizada de modo concreto, em instituições coletivas e históricas, e que estabelece uma realidade interna superior à da natureza. É, em suas palavras, na *Filosofia do Direito*, parágrafo 142, "o conceito de liberdade que se tornou mundo existente" (N. do T.).

VII

Ao longo de observações sobre a filosofia precedente, fixada no tópico da relação bem-beleza, e também por meio da análise de como se apresentam na atualidade, considerando-se as relações público-privado e as mesclas inevitáveis de juízos morais e de gosto, seria conveniente efetuar um repasse dos poderes que cada uma delas – a ética e a estética – invoca. Reconsiderar aqueles que os invocaram no passado e encontrar-lhes um critério de demarcação no presente.

OS PODERES DA ÉTICA

A partir de onde se elabora o juízo? Há um promontório ético do qual se possa ver melhor e se pronunciar sobre o obscuro, o injusto, as falácias, a impostura dos que se assenhoram de palavras e fabricam cidades ideais? Rafael Ferlosio assim respondia à pergunta: "Promontório ético? Virgem Santíssima! Direi que, tal como se colocam as coisas, conviria fazer uma cura de abstinência ou uma conspiração do silêncio contra a ética e seu nome, e preconizar virtudes estéticas, como a elegância, o bom gosto, o decoro, o orgulho, o asseio e a boa educação. Até virtudes éticas menores, como a modéstia ou a austeridade deveriam silenciar o som de seus nomes"[1].

Correm tempos maus para a ética? Muitos se queixam da utilização abundante de seu "nome em vão", até preferem o silêncio. No

---

1. No suplemento "Babelia" do jornal *El Pais*, 23 de maio de 1992.

entanto, o certo é que em nosso século há dois aspectos igualmente verdadeiros e conflitivos entre si. A filosofia moral do século XX não se distinguiu por sua capacidade de proposta; as correntes mais afirmativas, nas quais nos formamos, saturaram-se no culto quase obsessivo da metaética. Inclusive as chamadas éticas comunicativas ou narrativas desdenham a prática e se mantêm fabricando um terreno reflexivo em nível sumamente abstrato. De outro lado, este século – que não deixou até há pouco de usar os nomes das virtudes ou das qualidades expondo-os a riscos epistemológicos – foi o que se costuma chamar *a nossa era* e, mais do que qualquer outro, cumpriu a suposição ética por excelência das éticas formais: a universalidade na formação das máximas. Isso, em parte, é um fenômeno colateral do igualitarismo, mas, além disso, pôde subsistir no século ao qual, sem dúvida, cabem atribuir as convulsões morais mais fortes da história conhecida. Assim sendo, como poderíamos deixar de falar de ética?

Há um *dictum* de Wilde que mais e mais aparece citado em escritos éticos e, em certas ocasiões, os encabeça, como é o caso de *La Imaginación Ética*, de Victoria Camps: "manners before morals". Embora seja certo que Victoria Camps (em *Virtudes Públicas*) tenha decidido incluir entre as virtudes contemporâneas as boas maneiras (o que é lógico, depois de tanta pretensa sinceridade dos revoltosos de 1968 e das grosserias no trato espontâneo que a acompanhava), não é menos certo que a moral pretendeu situar-se acima delas. Desde Kant, ao menos, a ética quis ser o ponto gnoseológico e teleológico além do qual não cabe pensar outro maior, pois Kant teve uma forma bastante peculiar de traduzir teleologicamente a Santo Anselmo. A moral é a absoluta finalidade do mundo; e porque a moral é possível, transcendentalmente, é possível o sentido do mundo. Com efeito, a natureza não possui teleologia, a menos que os seres humanos o sejam. E os seres humanos não são a teleologia natural se não forem morais. A vontade incondicionalmente reta, coerente e, por fim, boa não se subordina a nenhuma outra forma de vontade, apetência ou gosto. O bem e o bom não se confundem com o útil, o imediatamente prazeroso, com os gozos infinitos, a beleza. A ética é superior à estética. Saber se a ética produzirá em sua ação o estético é uma questão sem importância; a ética fará algo muito maior – produzirá sentido.

Certamente, como já vimos, o sentido não trilhou um bom caminho na filosofia romântico-decadentista. Schopenhauer não o colocou na Vontade: esta é uma potência cega e ateleológica. A ética, de seu trono kantiano, sugeriu o dito de Schopenhauer segundo o qual nela "espojavam-se até mesmo os burros". O que queria dizer que entronizá-la tornara-se um assunto fácil para qualquer um e, para salvá-la, devia-se retirá-la de lá. Schopenhauer, como o primeiro dos condutivistas (ver cap. V, nota 2), havia feito uma clara tradução laica do "por suas obras os conhecereis", reescrevendo "por nossas obras nos conhecemos". A moral é toda *a posteriori*. Não há sentido prévio, não há teleologia e, se há vontades melhores do que outras, devem-se elas ao capricho da vontade. Esse entendimento convenceu ao menos a maior parte do romance naturalista e, certamente, adquiriu uma tremenda popularidade. Vem-me à memória aquele literato que, ao sair de um prostíbulo, ainda afivelando o cinto, exclamou, pondo os olhos no céu estrelado: "Schopenhauer, como tinhas razão". Se a metafísica da vontade de Schopenhauer, em suas degenerações de cassino e putaria, segue formando parte da concepção de mundo inconsciente de muitas pessoas, é um problema que não vale a pena entrar.

A ideia cristã de que o ser humano é o centro da criação, secularizada por Kant, era simplesmente abandonada por inconsistência, dada a própria enormidade do universo, sem que fosse preciso socorrer-se de argumentos ecologistas ou evolucionistas posteriores. Todavia, a moral que possuía sentido começou a ser aquela que haveria de vir, não a que no passado se chamara moral, uma mistura terrível de crueldade, espírito de engano, covardia e ressentimento, como vimos em Nietzsche.

E por que haveria de vir outra moral em um mundo sem teleologia? Porque, ainda que para fins escolares separemos perfeitamente Kant de Nietzsche, não devemos esconder que Kant foi uma das suas principais leituras e que Nietzsche, no final, é kantiano. Certo, houve razões mais do que sérias para separá-los. Popper recordava que, curiosamente, nos centros de recrutamento do partido nazi, verdadeiras casas de jogos de azar, entregava-se aos catecúmenos uma seleção dos textos nietzschianos, e nenhuma obra de Kant. Não podemos passar por cima de fato que as palavras fazem um mundo, mas seria injusto, e ainda falso, não ver a conexão entre o pietista Kant e o ateu Nietzsche. Um ateu que cria em todos os deuses, porque achava todos desprezíveis, e matou o de melhor figura; que depois de tudo desejou que justamente a moral do super-homem, dono de si e de seu destino, autônomo, pois, à maneira kantiana, conferisse ao menos decência ao mundo, na falta de sentido. Uma decência em que incluía a beleza porque, como bom filólogo, recolheu ao menos de duas terras a *kalós-kai-agazía*; da Grécia, anterior à corrupção socrática (em sua opinião), e da grecomania alemã do primeiro romantismo.

O ético há de ser estético. Sim, a *kalós-kai-agazía* nietzschiana brotava de jardins diversos e não apenas do trivial epicurismo, aliado a um temperamento cético com o qual, às vezes, se pretende descartá-la. Se o bem nunca tivera efetivamente um trono, ter-se-ia que lhe dar um. E como os burros já se espojavam com a mesma tranquilidade na metafísica de Schopenhauer, seria necessário lembrar – no Zaratustra – que o tempo da conciliação do bem e da beleza, essa consumação, teria que se realizar.

A seu modo peculiar, Wittgenstein decidiu dá-la por concluída. Após declarar que a ética era transcendental, não se incomodou em continuar a asserção assim: "a ética e a estética são uma coisa só". Ambas inefáveis. Como já se disse, apesar de toda a aparência, não poucas vezes com torções positivistas que tais sentenças provocaram, não se trata de proposições céticas. Uma sentença de ética, recordemos, porque deve ser irrestrita e universalmente válida em qualquer mundo possível, segundo a formulação kantiana, está fora do mundo. É uma sentença necessária, não acidental, fortuita, e no mundo tudo é acidental. Uma verdadeira sentença ética expressa algo mais alto, uma teleologia não imediata e acidental, desvinculada de castigos e recompensas, de prazer e de dor, que é o nosso marco hedonista normal das sentenças produzidas dentro da ordem prática[2].

Uma sentença ética, portanto, remete ao sentido do mundo, a algo que está fora e acima dele. Uma das poucas leituras de Wittgenstein, filósofo sumamente seleto, foi Kierkegaard, e a este pertence a afirmação de que a ética e a estética são incompatíveis. De modo que estamos aqui sendo inteiramente estéticos, nós que nos dedicamos às artes da reflexão e, ademais, um tanto ridículos, se pretendemos legislar sobre o que não sabemos fazer.

Kant afirmou que a apresentação intuitiva do ético necessitava de exemplos. E este é o ponto firme em que se colocam os neoaristotélicos atuais, fartos, como dizem, do formalismo, inclusive linguístico, do ceticismo e da comunidade ideal de diálogo. Pois bem: o máximo que podemos fazer é descrever com perfeição as diversas figuras que o ético realiza, não intuitivamente, mas minuciosamente. E embora isso não seja suficiente, não podemos ir além.

Pelo que já se viu, afirmar que o ético e o estético são a mesma coisa não era, depois de tudo, nada simples para quem, como Wittgenstein, prendia-se a Kierkegaard. Lembremo-nos de que a razão aduzida para identificá-las era a de que ambas eram transcendentais – o que não significa um motivo forte, a não ser que seja universalmente verdadeira a sentença "os amigos de meus amigos são meus amigos". E, no entanto afirmou, contra Kierkegaard, essa identidade simplesmente por outra razão não explícita e relacionada mais de perto com o místico. Identidade contra a qual situou-se, desde o mais remoto passado, quase que toda a tradição filosófica. Não apenas porque intuitivamente não salta à vista – o que poderia ser um "efeito sensitivo" –, como também porque a tradição cristã efetiva afirmou, durante séculos, que o mal pode ocultar-se sob a beleza; não só porque Platão desfez a identidade contida na palavra *kalón*, mas, enfim, porque essa é parte do próprio fundamento de nossas dicotomias. Que Wittgenstein pensasse que uma e outra se identificassem, pois confeririam sentido, isso é possível. Mas

---

2. Para uma explicação destas posições de Wittgenstein, ver Isidoro Reguera, *"Wittgenstein: la Estética y la Ética Identificadas en lo Místico"*, em A. Molla, Barcelona, ed. Conmutaciones / Laertes, 1992.

não é entrar em sua escolástica o que pretendo, e sim dar agora um passo em outra direção.

OS PODERES DA ESTÉTICA

"Manners before morals". Quem enuncia a frase pode estar elogiando a cortesia, denegrindo a hipocrisia do tratamento social, precavendo-se da temível força das morais más, de suas parafernálias e tantas outras coisas. O fato é que se converteu em *motto**. E digo isso porque agora já não se enuncia como o imperativo de um sarcasmo decadentista, e sim como estatuto ético-filosófico. Quando, por exemplo, se diz que a capacidade de universalização ética é, simultaneamente, restrita e irrestrita, de modo que se universaliza para um grupo determinado (tal como postularam Dupréel e Perelman, este aqui em sua defesa dos recursos retóricos), o que se faz é exprimir algo como: "se eu afirmo que A é bom, quero dizer que pertenço ao tipo de grupo que o afirma e o faço para contrastar tanto o princípio de pertencimento quanto o de excelência". Em outros termos, "as pessoas que são ou que querem ser de modo x, não fazem essas coisas". E, sem dúvida, isto aproxima bastante o critério moral daquilo que, desde há muito, se chama bom gosto. Ser um cínico, um verme, um pequeno explorador de mulheres, não é que seja errado, é que não se deve assim fazer. Constitui mau gosto. E de fato, na conversação corrente, não depreciamos alguém dizendo-lhe que é um estúpido ou um bandido, palavras fortes. Preferimos dizer que é um parasita, que não tem modos ou, no máximo, que é ignorante.

Na verdade, os maus comportamentos dificilmente são bonitos, embora possam chegar a ser produtivos. Dizendo-se pouco, são "deselegantes". As boas atitudes, mesmo as que tenham mãos aveludadas, mas recobertas por luvas de ferro, tampouco resultam "agradáveis". O ético e o estético levam há um século vida separada, mas em comum. E, cada vez mais, confluem insensivelmente. Por exemplo, a cada nova "estética" (assim a moda se autoproclama, empoladamente) há sempre alguém que lhe queira dar contornos éticos: isso é comum a todas as vanguardas e, inclusive, às marginais.

Mas não me refiro a isso, e sim ao motivo de preferência pelo juízo do gosto. Faço então uma parada em Adorno, a fim de achar um outro tipo de luz. Recordemos pela enésima vez a sublimidade do céu estrelado e a lei moral. Pois bem, Adorno disse que precisamente o problema da ética, tomado em profundidade, é que se parece demasiado ao céu estrelado. Deixo em suas palavras:

---

* Em italiano, no original: mote ou símbolo (N. do T.).

"119 Espelho de virtudes – A correspondência entre a repressão e a moral, como renúncia aos impulsos, é universalmente conhecida. Mas as ideias morais não apenas reprimem os outros como derivam, além disso, diretamente dos opressores. Desde Homero, a língua grega usava os conceitos de bom e de rico como se fossem convertíveis. A *kalokagathia*, que os humanistas da sociedade moderna propunham como modelo de harmonia estética e moral, sempre acentuou a propriedade, e a *Política*, de Aristóteles, reconhece, sem rodeios, a fusão do valor interior com o status na caracterização da nobreza quando diz que 'a excelência está unida à riqueza herdada...'. A bárbara religião atual do sucesso não é, de acordo com isso, simplesmente contrária à moral; é que, ademais, o Ocidente nela encontra um caminho para retornar aos honrados costumes de seus pais. Até as normas que reprovam a organização do mundo são devedoras de sua deformidade. Toda moral sempre se adequou ao modelo do imoral e, até hoje, não fez mais do que reproduzi-lo em todas as suas fases. A moral dos escravos é, efetivamente, má; e no entanto, é a moral dos senhores"[3].

Adorno dá também no mesmo texto uma razão notável para explicar por que tememos mais um passo em falso nas normas de cortesia do que uma verdadeira imoralidade. Diz que a moral é algo demasiado augusto e longínquo com a qual ninguém chega de fato a medir-se, enquanto que os passos em falso encontram-se mais próximos de nosso verdadeiro âmbito de ação.

Dado que Adorno também afirmou, na *Dialética Negativa*, que não há filosofia do concreto, e sim a partir dele (quer dizer, não compartilha a estratégia husserliana de "ir às coisas em si"), o que possuímos são os sintomas dessa união entre ética e estética, tanto no nível da vida vivida como da filosofia do cotidiano e do pensamento comum. Pode-se pensar que o juízo do gosto, ou seja, a estética, substitui a ética por ser mais frágil, menos pesada em momentos de universal fragilização. Em outros termos, que poderiam muito bem ser pós-modernos, a estética é mais *debole**. Mas não estou segura de que as estéticas realmente existentes não tenham a mesma compulsividade normativa, ou mais ainda do que as éticas. Voltarei a esse ponto.

Em termos absolutos, que é o que expressa Emilio Lledó em seu livro *El Surco del Tiempo*, a ética sempre se vincula à ideia de justiça, que é uma ideia forte, enquanto o belo é livre, gracioso, pois não contém utilidade; o belo existe em demasia, por graça. No entanto, o bem indica a existência dos outros e, assim, implica um espaço moral – cria a cultura. A beleza não parece vincular-se à conservação do ser, mas a mundos teóricos ou mais sutis: "Por não ser necessária sua presença na vida dos homens, há de justificar-se com argumentos mais fortes e explicar, com maior clareza ainda, sua origem e desenvolvimento". Penso que Lledó se expressa em palavras ideais, pois sou incapaz de não ver, a partir do concreto, a tremenda compulsividade da estética que, longe de ser livre – ainda que assim seja no mundo ideal –, é obrigação

---

3. *Minima Moralia*, Madri, Taurus, 1987, pp. 185-187.

* Em italiano, no original. Literalmente, débil (N. do T.).

contundente para todos e cada um dos indivíduos, e é tão mais rigorosa quanto nosso modo de vida vai-se fazendo mais suave. Tampouco há estética sem o "nós", e ela cria, óbvio, uma cultura. Não só um espaço, mas vários, que podem chegar a ser muito limitadores para os sujeitos. De novo, "manners before morals".

Ao menos segundo Schelling, a contemplação da totalidade do mundo é o momento de eternidade, que é estético, e sobre ele não há outro maior; é teleologia sentida, não procurada. E ao fim e ao cabo, o mesmo Schopenhauer, por detrás de sua récita extensa e concreta sobre a inexistência da lei moral, nos termos kantianos, propõe o quê? Se as coisas são tal como as descreve, o que seria capaz de nos fazer sair delas, de nos comover, ou seja, mudar nosso lugar no mundo, e por que razão? A estética.

Mas não dizemos também das boas ações que são harmoniosas e nos fazem intuir um além e sentir a emoção estética? Que se entenda que não falo das ações devidas ou justas, que são produto da decisão e da argumentação, e sim daquelas capazes de se converter em exemplos – as ações belas, mães das virtudes. O belo se transforma então no bem, e num momento de respiração concedido ao ser fenomênico, lhe faz intuir, fora da determinação do tempo, da subjetividade, da espacialidade, algo de outro como conhecimento e paixão.

Schopenhauer não pertence à linha de recuperação do *kalós-kai--agazós*. Advoga a separação, separação que tem seu momento principal em Kierkegaard e que, paradoxalmente, culmina na identidade ético-estética postulada por Wittgenstein. Vamos, pois, conhecendo melhor este bucle conceitual.

Mas após esse repasse de várias das modulações do tópico, produzidas pela filosofia imediatamente precedente, chegou o instante de ir-se mais além.

VIII

No nível da vida vivida, ética e estética possuem tal presença que acredito que ninguém possa duvidar da força de ambas. Há épocas em que o predomínio de uma obscurece a outra, mas nunca a faz desaparecer. Há momentos históricos mais fáceis de compreender à luz do impulso de uma delas. Nunca, contudo, são idênticas, ainda que seus critérios de delimitação tenham variado. Por último, creio que se necessitam mutuamente, e, uma por outra, se redefinem.

Existe entre ambas uma dança regulada: há normas herdadas e pautas de gosto herdadas, ambas associadas a práticas coletivas, ambas formando parte da *Sittlichkeit*. Nesse nível, em presença do ato concreto, são indiscerníveis. O que está bem feito é bom e belo ao mesmo tempo, e assim é considerado se os prejuízos não distraem o julgamento.

Creio, além disso, que nessa lógica funcionam tanto a linguagem moral como a estética. Sentenças, por exemplo, como "foi bom o que fez, embora tenha sido feio" sempre necessitam de uma explicação posterior, já que parecem contradições. De modo idêntico, "foi bonito o que fez, apesar de se tratar de uma maldade". Todos nós percebemos no ato bem feito a presença do *kalós-kai-agazós*, da união entre ética e estética. Intuímos, inclusive, o que Schelling chamou de momento de eternidade: assistir a uma ação perfeita é contemplar algo divino, extramundano, único. Realizá-la, se pudermos, nos dá uma experiência que ultrapassa, verdadeiramente, os limites do mundo, de modo inefável.

Mas quando ambas se transformam em reflexões, o que não pode deixar de acontecer, ou em doadoras de sentido, necessariamente se separam. O pensamento e o ser não coincidem, nunca poderão alcançar unidade, são coisas distintas. Neste ponto, a razão é de Simmel. Convertidas em reflexões, ética e estética não enfeixam as mesmas ideias: para a ética está o bom, que é uma bela ideia, ou a justiça, que não é tão formosa quanto ela. Para a estética, o belo tem de separar-se da intenção que o produz, o belo tem sua autonomia e apenas um temperamento ético – que também seja moralista – desejará que o belo se justifique moralmente. Por último, e como teorizações de alta homeostase, chegam a diferir tanto que há apenas autores, filósofos da moral ou da arte, que trabalham campos intermediários. São, no linguajar moderno, especializações.

A DIVERGÊNCIA

Por outro lado, os juízos do gosto e da moral não obedecem às mesmas condições: não produzem argumentos da mesma maneira, não recorrem ao mesmo tipo de universalidade; enfim, não expõem os mesmos valores, já que utilizam uma linguagem filosófica venerável. Como propositivas, quer dizer, descortinadoras de horizontes, ética e estética só se podem identificar em um limite utópico ou assintótico, o que dá no mesmo. Daí que toda utopia as tenha reunido. Mas sobre o chão do presente determinado não coincidem, nem na capacidade de proposta, nem em seu gênero. A ética une, a estética separa, para dizer claramente.

E, no entanto, qualquer juízo que se apresente como juízo estético, mas se pretenda de cumprimento universal, é ético. E também a recíproca: qualquer juízo que se apresente como ético, mas *não* tenha essa pretensão de cumprimento universal, é estético[1].

No entanto, reitero, como práticas, a ética e a estética quase sempre ocultam intenções, o que não deixa de ser estranho, pois é muito forte o peso da tradição que tentou separá-las. Tradição iniciada por Platão, supostamente embandeirado com a *kalós-kai-agazía*, mas que, na verdade, rompe tanto com seus parâmetros sociais quanto com a identidade do *to kalón*, presente na semântica grega, e põe a beleza a serviço do bem. Na sequência: a ideia de que por trás da beleza pode ocultar-se o mal; e a abjeção lhe segue quase que de imediato. Ideia primeiro da patrística, invocada contra a cultura imperial grecizante. Mais tarde, afirmada em sua outra apresentação exemplar da vida anacoreta, na qual o bem e a maior das desídias podem coincidir. Ideia, por

---

1. Esta é uma consequência necessária da experta visão de Kant: "a faculdade reflexionante de julgar há de subsumir sob uma lei que ainda não esteja dada e que, por conseguinte, não é a realidade, e sim um princípio da reflexão sobre objetos para os quais carecemos objetivamente e em absoluto de lei... em tais casos, a faculdade reflexionante tem de servir de princípio a si mesma, princípio que, não sendo objetivo, há de servir apenas de princípio subjetivo", *Crítica del Juicio*, Buenos Aires, Losada, p. 229.

último, recuperada pelo romantismo decadentista, a beleza diabólica, o pacto satânico de Dorian Gray, e também as belas imagens do mal, tão ao gosto finissecular do XIX.

Ética e estética diferem também em suas capacidades de instrumentação e nas instâncias que pretendem fazê-la. Embora seja certo que a ética corra sempre o risco de ser instrumentalizada pela política, ela se encontra, justamente por isso, dentro do âmbito de discussão e decisão comum. A estética, entretanto, vista não sob a ótica da beleza em si, mas ao menos sob a definição do bom gosto, está diretamente dentro de um espaço não discursivo, dependente de outra autoridade. Atacar o gosto é sempre mais seguro e demolidor do que atacar a bondade cotidiana. E o é porque o parâmetro utilizado é lábil, sem que ninguém lhe tenha domínio por completo. Compromete coisas sobre as quais apenas indivíduos muito bem situados podem ter critérios firmes. E podem tê-los pela simples razão de que eles os criam.

Desvalorizar o poder do dinheiro na fabricação do objeto estético não é possível. E o que vale para a grande arte vale para o gosto em geral. Certo é que existem estéticas marginais nas sociedades macrourbanas e que, em certas ocasiões, extrapolam, por esnobismo, os estilemas* do conjunto social. Do mesmo modo, é certo que a ética é cara: deve-se ter saído dos limites mínimos da sobrevivência para possuí-la[2]. No entanto, por meio das formas normativas comuns, a ética tende a uma repartição equitativa da possibilidade de bem para cada sujeito. A estética não faz o mesmo.

Se temos razão em denunciar a instrumentalização política da ética, não devemos esquecer que a instrumentalização do gosto, seu uso e abuso, existe e não é, em princípio, discutível. Nem todos os poderes são iguais em transparência.

A maior compulsividade da estética comum não contém, nas sociedades desenvolvidas, uma força igual à da ética comum. A estética, pretendendo assumir-se como critério intransferível do gosto, é sumamente pública e universaliza a apresentação adequada do eu em várias instâncias, nas quais os indivíduos decidem como ser, ou outros lhe outorgam tal condição. A ética, cuja universalidade é de fato melhor, é mais privada, menos visível, inclusive conta menos. Na medida em que as sociedades se tornam menos puritanas – mostram menos ética sob o manto de uma estética fixa –, é relativamente simples reconhecer os estilemas estéticos, enquanto os éticos se ocultam. A ética pode, inclusive, apresentar-se como direito ao silêncio. Por nossa educação

---

* O estilema é uma característica estética difundida em um estilo ou movimento artístico, podendo corresponder a uma sociedade, grupo social ou época (N. do T.).

2. Como bem disse Alfred Doolittle, personagem do Pigmalião de Shaw, ante a indignada acusação de falta de moralidade: "Ah, cavalheiro, minhas economias não me permitem! O senhor também não teria moral se fosse tão pobre como eu".

cristã, além disso, há um dever explícito em ocultar a virtude.

E no entanto, tudo isso não evita que ambas se validem mutuamente. Que cada uma tenha de se mostrar com as roupas da outra. E assim se pode dizer que o fenômeno da moda chega a afetar a moral. O esteta é uma das figuras de nosso tempo de moral emotivista, escreve MacIntyre, e é de se lamentar que deixe o assunto nessa enunciação e não nos faça ver algumas das consequências e modos deste fenômeno. Na realidade, apresenta-o como um apêndice em *Após a Virtude*, e nos livros posteriores parece esquecê-lo por completo. Não ponho em dúvida a assunção emotivista – ou melhor, anômica – da moral por muitas pessoas, mais do que o desejável. Mas gostaria de conhecer o julgamento de MacIntyre sobre a razão pela qual a emergência estética está vinculada ao debilitamento ético.

De outra parte, as convicções éticas e estéticas podem ser utilizadas para ir de encontro ao comumente aceito. Ambas são, nesse sentido, abertas. Servem para trabalhar contra a corrente. O que é direito ao dissenso – o que toda ética há de defender como possibilidade, embora não como fundamento – converte-se em dandismo pelo lado estético.

Claro que o dandismo é, justamente, uma trivialização da emergência de uma nova estética. Mas ocorre que o fenômeno das vanguardas nos acostumou tanto à palavra *novo*, que já não temos a mesma sensibilidade do passado perante o vocábulo. Em nossa época, provar que haja uma nova estética é mais difícil, mais complicado de afiançar do que em princípios do século XX. Coisas em demasia, e sem valor, pretenderam amparar-se na novidade. A ética, certamente, inova com mais recato de aparência, com maior lentidão e menos estridência. Mas o século XX foi um dos mais inovadores. Não seria sequer razoável imaginar que o acelerado processo de vanguarda estética não tivesse tido um incremento similar de inovação ética, ainda que devido à contaminação da qual já falamos. Mas tanto numa como na outra esfera, a inovação não se produziu sem traumas. E os causados pela dialética do "nós", com a qual a ética funciona, foram mais rudes do que aquilo a que Ortega chamou a "desumanização da arte".

A CAPACIDADE DE INOVAÇÃO. A NOSSA ERA.

Chamei[3] o século XX de "a nossa era", e também de "o século convulso". Permitam-me recordar com uma autocitação por que o fiz. Foi ele um período com uma capacidade sem precedentes de inovação e regressão.

---

3. No já citado *La Política de las Mujeres*, p. 154 e ss. E também em *Del Miedo a la Igualdad*, Barcelona, Crítica, 1993. Em razão da linha argumental decidi usar neste capítulo alguns registros que são provenientes do capítulo VIII do primeiro livro citado de recente edição.

Se tomarmos como parâmetro a ética, não podemos deixar de ver a violência e suas modalidades. E dificilmente poderíamos chegar a outra conclusão, senão a esta:

> Nosso século superou em violência aos anteriores, tanto em qualidade quanto em quantidade. Duas guerras civis europeias com implicações no resto do mundo. Uma política de guerra fria durante quarenta anos, que levou a guerras localizadas no terceiro mundo. Grandes movimentos sociais que redundaram em totalitarismos de signo inverso. A eliminação de povos ou, ao menos, a intenção de levá-la a cabo de forma sistemática. Fomes em várias partes do planeta. Desastres ecológicos provocados pela ambição do enriquecimento imediato e desconhecimento dos efeitos perversos da aplicação química. Enfim, a possibilidade real de que o fim do mundo não seja uma ideia mítica, e sim que se mostre ao alcance da mão e, portanto, que os frequentes textos apocalípticos manejados pela tradição ocidental deixem de ser um caso de literatura especial para converter-se em aviso[4].

Para toda essa violência, a ética acadêmica somente contrapôs uma dúzia de frases. Mas para justificá-la, para montar os dispositivos que a permitiriam exercer um papel, para convencer, os argumentos nunca desdenharam o uso da palavra "bom". Os movimentos mais retrógrados, e os que a eles se opuseram, ampararam-se no mesmo termo. É lógico – não há outro.

Ao longo de tais convulsões, a maior parte das noções herdadas, e que ainda subsistiam, foram sendo solapadas. A *Sittlichkeit* começou a desaparecer do horizonte moral do mundo desenvolvido e a demanda de *Moralität* aumentou na mesma medida. Por este motivo, houve que se conceder aos indivíduos e grupos minoritários uma tolerância muito maior do que a existente no passado e uma capacidade de inovação moral sem paralelo histórico. Apenas a Europa saída da guerra de religiões, depois da paz de Westfália, se pareceu com isso, como acertadamente diagnosticaram Rawls e Habermas.

Esse diagnóstico vê-se acompanhado por outro, não tão sutil. É comum afirmar-se que o século XX foi o século do individualismo, precisamente por esta superabundância de *Moralität*, mas não creio que isso seja certo. Para começar, porque o individualismo nos remete ao que chamo um modelo misto ético-estético. E no entanto, tematiza-se normalmente o individualismo mediante a relação entre subjetividade e objetividade, lugar conceitual que me parece inadequado. Permitam-me, de novo, a autocitação, preferível à autoglosa:

> Nas exposições escolares, sublinha-se que uma das características do romantismo, ao menos na fase inaugural, e cujos efeitos ainda vivemos, foi o triunfo do indivíduo, liberado da objetividade, em busca dos limites do ser. No entanto, sob outra consideração, o mesmo período invocado deu à luz o que poderíamos chamar de *macrosingulares*, os quais estruturam até hoje as noções comuns de Cultura em sua acepção canônica (não,

4. *Idem*.

obviamente, etnológica): história, povo, destino, Eu, o proletariado, a classe dominante, o progresso, o motor da história, a ciência. São macrosingulares que escondem e, às vezes, justificam a ação individual, sob parâmetros de objetivismo que se mostraram perigosos. Deve partir-se do princípio de que qualquer destes singulares oculta um *nós* cuja arquitetônica não está clara, de modo que o desconstrutivismo torna-se uma imperiosa necessidade para com eles[5].

Não sei como podem pensar seriamente na culpabilidade do individualismo aqueles que conheceram de perto a estética do "nós" a que o século XX a tantos obrigou. Nem como podem se desfazer dos imperativos mais usuais, como é o caso do que ordenava abandonar toda subjetividade, tanto na política como na teoria. O século XX conheceu os resultados daquilo que, no período anterior, eram apenas termos, palavras, retórica. Nele, o "nós" avançou incessantemente e a individualidade refugiou-se nas vanguardas, as quais, por sua vez, e os manifestos o provam, ampararam-se igualmente em um "nós" ficcional.

E este movimento ainda não acabou. Ainda hoje é habitual na retórica ético-política difamar-se o individualismo desagregador e corruptor. É um tema sério para a filosofia moral, ou ao menos alguns assim o entendem, separar o individualismo solidário do chamado individualismo possessivo, que vem a ser o individualismo a seco. Mas há algo a mais: a *obscenização* do eu chegou à retórica cotidiana. Nos países desenvolvidos, não apenas a apresentação do eu deve ater-se a regras inexplícitas e estritas; se se quer ser eficiente, o eu deve apresentar-se sob formas impessoais como "parece que", "estamos de acordo que"..., quer dizer, nas formas do plural. E não há nada de estranho no fato de que até mesmo certos filósofos morais – caso notório de Tugendhat – tenham convertido em núcleo de suas filosofias a passagem da primeira pessoa do plural à primeira pessoa do singular. Pensemos nisso: enquanto a Europa sofre as piores convulsões de sua história, permitindo que todas as noções morais e políticas herdadas fossem então rompidas (refiro-me ao período entreguerras, quando os totalitarismos ganharam superioridade política e se apresentaram como alternativas viáveis), qual a resposta da filosofia? De um lado, o positivismo lógico, que nega aos termos morais qualquer estatuto que não seja apenas o meramente emotivo. De outro, na área continental, as teorias do valor, cuja relação com a fenomenologia nunca foi clara, sobreviviam na tentativa de sustentar um universo abstrato e autossuficiente, incapaz de encarnar-se em uma prática social. Ninguém era então capaz de saber o que estava ocorrendo? O menos que se pode dizer da filosofia do século XX é que foi pudica até o cinismo. E isso é algo fácil de provar: caso houvesse ocorrido um cataclismo, e apenas os textos filosóficos a ele sobrevivessem, poderia alguém reconstruir o mundo ao qual pertenciam?

5. *Idem.*

Por que assustar-se com o fato de que o chamado pensamento pós-moderno renegue quase todas as noções recebidas, reivindique profetas do apocalipse, como Nietzsche, abandone a herança iluminista, e a culpe inclusive pelos acontecimentos históricos mais repugnantes, quando sabemos do divórcio entre o pensado e o acontecido?

ÉTICO-ESTÉTICA DA PÓS-MODERNIDADE.

"O que é isso, a pós-modernidade?" Esta pergunta, na qual há uma aguda ponta de ironia, tem sido feita por não poucas pessoas de eficácia intelectual comprovada. Logo, resulta inquietante.

Digo desde já que não entro nos prontuários explicativos dos que se autodenominam pós-modernos. Isso é um outro assunto, pois se lhe podem atribuir muitos traços contraditórios, a partir de lugares diversos, merecedores, portanto, de um tratamento mais cuidadoso. Dirijo-me exclusivamente à pergunta e a seu sarcasmo. Pois quem a faz não possui um entendimento confuso, que misture pós-modernidade com movimentos alternativos, éticas marginais ou restos de vanguardismo. Tem, ao contrário, uma formação sólida "moderna" e maneja as mesmas fontes e autores que aqueles que renunciaram a essa herança. Uma resposta imediata é a de que todo esse conglomerado, ao qual chamamos pós-modernidade corresponda a uma decepção de etiologia clara e de consequências demasiado divergentes; é ainda um fenômeno de pensamento homólogo às dificuldades da planetarização pelas quais passa o nosso mundo. Muitos preferem pensar que se trata de um *impasse*, e o mais relevante é Habermas. Mas não há figuras de grande porte entre os que cantam os seus funerais. Seja como for, a discussão não está tão próxima do fim. Citando de memória Savater, o problema que enfrentamos é este: antes (e suponho que ele se refira aos eventos de 1968), acreditávamos que nossas formas de vida não podiam nem deviam conservar-se como estavam e que se devia colaborar para sua subversão. E agora, o que não sabemos é se cabe estendê-las a todo o planeta. Ainda que seja por alguns inconvenientes de nosso modo de vida que afetariam a saúde global da Terra, suponho, por exemplo, que o que se chama "civilização do petróleo" se estenderia. O planeta não lhe poderá resistir.

Não está claro que a pós-modernidade seja uma ética e suas estéticas trafegam entre os velhos vanguardismos e as recuperações do classicismo, à sua maneira, é claro. Sim, é certa a inovação moral de conteúdos produzida no tempo que vai do final da segunda guerra até os nossos dias. Foi vertiginosa e mudou profundamente o aspecto social, sem nos esquecermos das modificações nos processos políticos.

Simplificando, para os pós-modernos não importa o mundo produzido por detrás de suas teorias. Entre outras coisas, porque dizem refratar aquele que existe. E aos modernos não resta outro arsenal senão os conceitos veneráveis da tradição iluminista e as formas de encontrar-lhes os caminhos mais eficazes. Há um dentre eles – apesar de todos os ventos contrários – que não pára de ser repetido em escritos e discursos: nova educação, paralela a uma nova cidadania. Nova educação moral, entenda-se, e significa na verdade uma ênfase nos velhos valores aos quais não se quer renunciar: liberdade, igualdade, tolerância, solidariedade, responsabilidade, honorabilidade...e outros que se vão agregando, supostos necessários à bagagem do novo cidadão. Este novo cidadão será partícipe de um novo individualismo, agora chamado "individualismo solidário".

Se há uma face boa no individualismo é precisamente a repugnância a admitir o dado como dado, no interesse de qualquer *ethos* que lhe venha imposto: alguns objetos possuem denominação de origem e para eles isso é conveniente, mas os seres humanos não têm tal denominação. Para eles deve supor-se, ao contrário, a liberdade da vontade, a liberdade de atribuições e a busca de aperfeiçoamento. A *Sittlichkeit*, a pouca que parece restar, segue sob suspeita; e com isso a educação, conforme os conceitos da *Moralität,* da qual se espera a formação de um "nós" digno e racionalista.

A consciência ilustrada e sua confiança na educação possui vários aspectos. Lembro três deles: 1) o conhecimento perfeito do mundo natural, abandonadas as explicações míticas, nos fará não apenas mais exatos, como ainda melhores; 2) o indivíduo liberado da tutela ignominiosa da tirania política, aliada da tirania religiosa, será matéria adequada para se formar um ser moral que nunca estará disposto a tratar outro ser humano como meio, e sim como fim em si mesmo; 3) no momento em que todos os indivíduos gozem desse estado de liberdade e equivalência, nada terão a fazer senão concordar com noções morais comuns que lhes tenham sido sistematicamente transmitidas e lembradas por uma educação destinada a seres livres, autônomos, responsáveis e solidários.

Mas o que se passa com as práticas educativas concretas, e a que resultados elas nos levam? No máximo, quando exitosas, conseguem (apesar de Kohlberg) dotar os indivíduos de uma "linguagem comum" pela qual alcançam seus próprios objetivos, em meio a um cinismo generalizado. Do funcionamento exato das mitocôndrias não parece seguir-se uma melhoria moral; tampouco o conhecimento das fundamentações morais de nossos sistemas de convivência gera condutas irrepreensíveis.

Ao contrário, e para assombro do pensamento leigo, podemos esperar algo mais e melhor daqueles que se atêm aos discursos de legitimação que, de maneira nenhuma, podemos chamar racionais? Não há, pois, uma forma de se fundar uma moral laica? Não, nos diz MacIntyre, porque o pensamento laico pressupõe o individualismo e este não tem como fundar qualquer moral. Sim, dizem os seus defensores, mas o que ocorre é que ainda não soubemos dar-lhe uma forma educativa precisa. A fórmula educativa, eis uma metáfora química notável. Conformemo-nos com Schopenhauer. A fina camada dos modos de conduta – e isso é tudo o que a educação nos dá – não modificará o que cada um de nós é. Apenas nos dará instrumentos, armas. E como vamos bem armados, é melhor que os sistemas de dissuasão se armem no mesmo nível.

Mas pode uma sociedade de moral e de estética abertas manter sistemas de sanções mais rígidos ou fechados? É mais do que duvidoso. Podem as políticas administrar o processo atual dos *mores*? Em absoluto. Devem funcionar admitindo-os. Como resultado de tudo isso, as tradições políticas estão se tornando indiferentes. Estes são os efeitos da inovação moral e eles não são escassos. Finalizemos este rápido panorama: novas morais e novas estéticas; predomínio do juízo do gosto, mas universalizado, quer dizer, convertido em ético; logo, encobrindo a ética com a estética; individualismo juntamente com a obscenização do eu; desconfiança do carisma; políticas no limite do possível social; maior presença do termo ética no discurso público; ética emotivista para uso privado.

IX

PRAZER CONTRA DOR. ESTÉTICA CONTRA ÉTICA.

É evidente que o prazer forma parte constitutiva do domínio estético; é, por assim dizer, *propium*, característico. Como quer que seja tratada, uma estética sem gozo é bastante inverossímil. Ao contrário, o prazer não faz parte da ética, não do mesmo modo. Quase todas as éticas mostraram-se anti-hedonistas porque, desde a primeira, a aristotélica, se esforçam em provar que o prazer não é o bem maior[1]. Mais ainda: os sólidos argumentos contra o utilitarismo, em vez de usar o mais forte deles, o de Kant – as consequências de uma ação não são nem podem chegar a ser inteiramente cognoscíveis –, centram-se nas noções de felicidade ou de bem maior para a maioria, estando o bem relacionado a este cálculo quimérico ou à imoralidade do padecimento de um só miserável (e não no argumento kantiano). Isto denota a existência de um confesso preconceito anti-hedonista dado que, subliminarmente, ao se utilizarem tais argumentos, vincula-se a utilidade ao prazer.

A ética tem, no entanto, um substituto para o prazer. Nas éticas do dever é a satisfação, a "satisfação do dever cumprido"; e nas éticas do ser, da *enérgia*, é a felicidade. Satisfação pelo cumprimento do dever, em Kant, felicidade em Aristóteles. Unicamente os epicuristas permanecem por agora em suspenso, ainda que seu prazer seja pouco prazeroso: reduz-se às melhores estratégias para evitar a dor, desde o

---

1. Ver *Ética a Nicômaco*, l. X.

momento em que dividem os prazeres em cinemáticos e katastemáticos. Estes últimos, os de repouso, são os preferidos.

Mas voltando às éticas do ser: a própria noção de felicidade não é nada clara. Sem entrar em pormenores, cabe entretanto afirmar: felicidade e prazer se opõem mediante dicotomias profundas como mediato e imediato, superior e inferior, imaterial e material, constante e efêmero... o que forma toda a nossa ontologia e não pode ser seriamente posto em discussão. Mas é que todo filósofo sabe, e qualquer pessoa de bom senso também, que agir mal pode produzir prazer. A necessidade então de encontrar uma felicidade superior é urgentíssima. E não há nada de estranho em que se concorde com uma noção indeterminada como é a de felicidade.

OS APRENDIZADOS

Vincular o prazer imediatamente à estética e o dever à ética é, no fundo, uma falácia. Ambas necessitam de aprendizado e nenhum aprendizado é simples como um jogo, como nem mesmo os próprios jogos o são.

Em todo ato de aprender há um esforço e em alguns o esforço faz limite com a dor. No aprendizado normativo (o da ética) não se pode afirmar que cumprir o dever seja fácil, e menos ainda espontâneo. De um lado, o aprendizado tem etapas que não podem ser ignoradas e nem sempre são do agrado do paciente. De outro, não estará completo até que surjam os hábitos e suas virtudes, pois, como adverte Aristóteles, não diríamos que alguém é bom porque agiu bem uma só vez. E sim porque podemos esperar dele a constância em agir bem.

Também é certo que a educação estética exige sacrifícios, ao menos quando se quer compartilhar da alta cultura. As óperas, os oratórios, a grande pintura, o drama ou a literatura não são, à primeira vista, atrativas para as crianças, nem para aquelas pessoas que não tenham recebido uma educação adequada à respectiva fruição. Realizado um aprendizado que é demorado e custoso (de vários modos), provavelmente o prazer seja alcançado. Mas, diz ainda a filosofia moral clássica, caso a virtude seja obtida, a felicidade vem com ela. No entanto, algo não soa bem. Esse algo é a teleologia.

A arte dá o que promete – gozo estético. E a virtude, tem sempre recompensa? Não seria por acaso possível ser virtuoso e infeliz porque não está na teleologia do mundo premiar a virtude? Não é proveitoso ser injusto? Esse medo é tão antigo quanto a esperança clássica na felicidade. Encontra-se expresso, como em nenhum outro local, no livro de Jó*. A felicidade, admitirá Aristóteles, depende em parte da fortuna. E para evitar este inconveniente há que se propor uma felicidade dura-

---

* "E eu mesmo quando me recordo, me assombro, e estremece toda a minha carne. Por que razão vivem os ímpios, por que são exaltados e crescem em riquezas? Seus

doura, aquela proporcionada pela *theoria* no mundo clássico. Ou pela felicidade eterna e transmundana no mundo cristão. Os postulados de Kant não estão a mais, junto à ética de Kant. Ainda que se diga que no cumprimento do dever não há de ficar um traço sensível, e que é tanto mais perfeito quanto menos prazer tenha por referência, não se abandona a felicidade: é uma exigência da razão prática e haverá de cumprir-se.

O cristianismo calvinista realizou suas transações com a felicidade, já que a prova terrena da eleição divina é o êxito. Mas o êxito se alcança com probidade e antecede a felicidade futura. É o seu sinal e, por consequência, a moral do trabalho adquiriu o estatuto que Weber estudou à perfeição.

Temos então um prazer em presença, trazido pela estética, ainda que adquirido com esforço; e uma felicidade apenas prometida, neste caso pela ética, sendo o esforço despendido igual ou maior. Existe aqui uma divergência clara. A estética possui muito mais imanência e o chamado ético é motivado para a transcendência.

Outro assunto que diz respeito a esta separação nos conduz ao contexto romântico: existe algo de belo que está acima do prazeroso e que é o sublime. Isto para a estética. Mas onde se encontra o sublime ético? Não há, em parte porque esse sublime pertence às morais religiosas, e, em parte, porque, quando se seculariza, confunde-se com o heroísmo, assimilado desde a antiguidade à virtude militar. Só mais tarde, no século XX, aparece a noção de heroísmo cotidiano, aplicado à ética.

E o prazer se vincula inclusive às estéticas mais sóbrias, mesmo às minimalistas ou ascéticas. Nunca é demais, enquanto as éticas jamais podem assegurá-lo. Deve-se reconhecer, no entanto, que algumas o procuram – as chamadas éticas hedonistas.

As éticas hedonistas pressupõe a imanência e a finitude da vida humana. Trabalham com tais princípios e intentam maximizar a quantidade de prazer disponível, segundo regras de prudência. Vários dos utilitarismos são hedonismos, às vezes muito atenuados, e em geral o são quando renunciam a ter como núcleo um *telos* transmundano ou intramundano. Devido a esta renúncia, podem ser éticas bastante abnegadas. Quero dizer que utilitarismo e altruísmo não se negam, e sim se necessitam. Juntos dão forma a um discurso ético possível e resolutivo, ainda que não concordemos com ele. Se assim não fosse, não estaríamos perante uma ética sem classe, mas frente à sua negação. Conseguem seus propósitos?

---

filhos se conservam diante deles, à sua vista têm uma multidão de parentes, de netos. As suas casas são seguras, e em paz... a sua vaca concebeu, e não abortou... passam os seus dias em prazeres... Quem o recrimina e pede conta de suas obras" (Jó, 21, 6 a 21 e 31). Optou-se aqui não pela tradução direta do livro da autora, mas pela tradução brasileira já contida na Bíblia ecumênica, Mirador, 1980. (N. do T.).

As que conheço reiteram que o prazer não é mal e com ele gastam uma profusão de elogios. Mas desde o princípio não podem assegurar o tal prazer a ninguém. Não está em suas mãos. Claro que é conveniente, após os excessos das "éticas de compromisso", lembrar que o melhor é não se comprometer tanto. Mas parece que para isso são mais adequadas as éticas kantianas, pois nos fornecem algumas causas com as quais não é lícito comprometer-se.

Por tais chamados, vê-se que a filogenia das éticas hedonistas vem, por uma parte, do utilitarismo e, por outra, do desencanto com o marxismo e suas tiranias. São os casos respectivos de Parfit e de Heller. A linha utilitarista foi clara, embora esteja a ponto de desaparecer por acúmulo de características. Quer dizer, um utilitarismo que não é quantitativo, que não é calculador, que não é egocêntrico ou individualista...quase a ponto de não ser mais utilitarismo.

No que diz respeito à saída do marxismo, bem se faz advogar pela vida presente, já que pelo futuro hipotético muitos sacrifícios foram feitos. Mas as propostas de uma fusão entre estoicismo e epicurismo, em si agradáveis, não indicam quem proporciona os bens necessários e paga as contas advindas. Por outro lado, mesclar esta atitude vital com ceticismos pós-modernos não contribui para aclarar a questão[2].

Há vários lugares do planeta onde as prédicas hedonistas provavelmente não teriam êxito. Mas compreendo que este seja um argumento de pouca qualidade. Deixo-o de lado. Limito-me a constatar que uma coisa é argumentar a favor do gozo e, outra, consegui-lo. O hedonismo seria possível ali onde os bens fossem inesgotáveis, do mesmo modo que a justiça seria supérflua lá onde reinasse a caridade. O problema é que nenhuma dessas coisas acontece.

Pelo contrário, a estética continua oferecendo seu gozo e imanência. Encontra-se bem armada para suplantar a ética nesse ponto. Está também, como já vimos, amparada pelo instável juízo do gosto. É pública. Compulsiva. Tem mecanismos de coerção sutis. Individualiza. Se ética e estética disputassem uma paisagem normativa, poderia a ética resistir ao combate? Seu ponto forte tem sido a teleologia, o fim, a consequência. E hoje as teleologias são refutadas pelo pensamento do fim da modernidade, como foram, também, pelo romantismo naturalista.

VIRTUDE CONTRA ARBÍTRIO. OS PODERES DA ÉTICA.

Em tais condições, o que pode a ética invocar a seu favor, ou que armas possui para enfrentar um critério meramente preferencial? Atre-

---

2. A leitura de toda a obra, enorme, de Heller, não modifica a minha impressão de que, bem argumentada e documentada, ela não propõe outra coisa a não ser o conhecido *neminem laede* que, admito, é um bom mandamento moral.

vo-me a dizer que possui dois pontos de apoio, como sempre os teve: a universalidade e a responsabilidade. Um critério que se apresente como ético e comece individualizando o juízo não é ético nem no sentido lógico-linguístico[3], nem pelo seu alcance. Independentemente de sua eficácia, o juízo ético é, em si, universalizável, pois não expressa uma preferência imotivada ou restrita. Outro assunto é se, de modo efetivo, serve como guia para a ação[4], mas isso não modifica sua estrutura. Mais ainda, um juízo ético compromete a quem o enuncia, quer dizer, contém e traz consigo uma responsabilidade.

A responsabilidade parece bastante mais austera do que o gozo. Mas alguém poderia pensar: onde existe uma responsabilidade que ninguém exije? E a ética responderá que está no próprio sujeito, independentemente da exigência manifestar-se como coerção externa, social ou grupal. Esse alguém poderá em seguida perguntar se existe, na verdade, esse ser que pede responsabilidades a si mesmo; e até poderia colocá-lo em dúvida, praticando o ceticismo moral.

Existem os seres humanos amorais? Pode haver. Há vários argumentos contrários. Por exemplo: que todo ser humano pertence a uma *Sittlichkeit* à qual se submete, bem ou mal. Claro que esta eticidade não é uma ética no sentido moderno kantiano. Ainda assim, o conjunto social não seria o que é se tal eticidade e a quantidade de deveres e valorações que comporta não estivessem em funcionamento. Mas isso não resolve a questão em si – a de ser possível a existência de seres amorais. Kant achava que não. Dado que o juízo moral é universal, ninguém pode racionalmente querer que o que constitui uma ação sua, não universalizável, converta-se em norma para todo ser racional. Quer dizer, alguém pode mentir porque lhe interessa particularmente, mas não poderá querer que todos mintam: isso lhe seria extremamente ruim[5].

O problema do ser humano amoral é que parece poder fazer as duas coisas: querer que os outros sejam morais e eximir-se de sua prática. Então não é um amoral completo, é um cínico. E terá sempre o problema do cínico: nunca saberá se o que tem pela frente é alguém como ele. Mas se a sociedade se mantém é porque a confiança se conserva. Apesar de Kant, não há constituição que possa estabelecer ordem numa república de demônios.

Voltemos à responsabilidade. De um ponto de vista moral, é óbvio que a responsabilidade há de ser separada da imputabilidade. Do fato de que a uma pessoa seja imputável um determinado ato, não se segue, mecanicamente, que ela seja responsável por ele. No entanto,

---

3. A esse respeito, aceito com certeza as análises de Hare.
4. E neste sentido, caso se expresse como princípio, estou disposta a acatar as restrições de Victoria Camps em *Ética, Retórica, Política*, Madri, Alianza, 1988.
5. Daí se ter afirmado a presença de resíduos sensíveis no racionalismo kantiano.

algo de responsável permanece na imputabilidade. O sujeito pode, quando se der o caso, separá-las. E isso se faz recorrendo-se à intenção. Podem acontecer casos extremos nos quais a alguém se impute algo e, de fato, seja ele o responsável. Ou que a alguém não se impute algo e que também ele não seja o responsável. Mas os casos mais interessantes ou problemáticos são os intermediários. Suponhamos que alguém seja imputado, sem responsabilidade, e que outro não seja imputado, tendo, no entanto, a inteira responsabilidade pelo ato. O primeiro caso ocorre em todas as morais arcaicas pois nelas a intenção não exerce nenhum papel. Nas codificações arcaicas, até mesmo os objetos inanimados podem ser objetos de imputação. Édipo é imputado e responsabilizado pela peste na cidade, embora não tivesse conhecimento do crime horrendo que estava cometendo. É o mesmo caso na constelação moral moderna, que nos dá como resultado o castigo da inocência, um castigo derivado apenas da própria imputação.

O segundo caso – que alguém não seja imputado, apesar de ser o responsável – comporta também duas saídas: uma, que da falta de imputação não se siga a ausência de responsabilidade, ou porque o sujeito, sendo considerado responsável, não pode ser objeto de imputação (caso frequente nas responsabilidades coletivas ou políticas), ou porque o sujeito apague os traços de sua responsabilidade ou consiga diluí-los (declare-se irresponsável por estado psicológico-emocional, negue, transfira ou estenda a responsabilidade a todo um grupo).

No melhor dos casos, ética e responsabilidade estão indissoluvelmente unidas. E quanto mais benévola for a sociedade sob o aspecto penal, a responsabilidade moral deve ganhar terreno. Isso quer dizer o seguinte: se não cortamos a mão de um ladrão, nem por isso devemos ver o roubo com bons olhos ou aplaudir as crianças que o praticam. Se apreciamos tanto o valor da vida humana, a ponto de abolirmos a pena de morte, temos um problema ainda maior quando ela sofre um atentado. Se não castigamos o falso testemunho com a lapidação, menor será a nossa tolerância face aos caluniadores. Há um tensão no tecido moral da atualidade que, às vezes, parece contraditória: à efetiva suavização das penas corresponde um rigor maior no enjuizamento moral dos atos.

A responsabilidade, além disso, ampliou tanto o seu campo que nos atrevemos a falar de coisas como responsabilidade coletiva, que não são nada claras, já que apenas o individual atua, segundo a sentença de Hegel. E, levando o raciocínio ao extremo, cada um se torna responsável pela marcha total da espécie humana, não só no presente e no futuro (caso em que se alega que "a história pedirá contas por isso"), como também no passado. O passado coletivo. Responsáveis pelos que ainda não nasceram e responsáveis pelos inocentes desaparecidos[6].

Entretanto, o problema para mim continua sendo o do papel exercido pela responsabilidade individual na ausência de uma figura divina que conheça o coração de cada um. Porque parece-me que a ideia moral de responsabilidade brotou dessa relação e sem ela fraqueja. "Se Deus não existe, tudo é permitido". Contra essa conclusão lutou toda a filosofia moderna. Sem a figura divina, existente ou não, "nem tudo está permitido". Daí o problema do fundamento.

Não é uma posição cômoda. De início, é empiricamente constatável que nem tudo é permitido. Mas que critérios se usam. Os de legitimidade, responde-se, que são os morais. A legitimidade é consensual, dirão as filosofias do diálogo – o que não inclui nem objetividade nem fundamento transcendental. É procedimental, dirão ainda as mesmas fontes.

Estes são os poderes da ética, frágeis com certeza. Mas, de momento, ela não parece dispor de outros. Daí, talvez, a tendência a moralizar as instâncias explícitas positivas, o que é evidente nos sistemas políticos e legais contemporâneos.

---

6. É o tipo de responsabilidade que determina a trama do ensaio de Reyes Mate, *La Razón de los Vencidos*, Barcelona, Anthropos, 1989.

X

Depois de verificar como são efetivamente divergentes, convém repropor a questão da identidade da ética e da estética, da qual partimos com Wittgenstein: "ética e estética são uma coisa só". E ver se, de algum modo, esta união é possível, e onde.

DE NOVO, A IDENTIDADE

Ética e estética confluem como teleologias assintóticas em todas as utopias imaginadas. Especialmente até *Notícias de Lugar Nenhum*[1,*]. As utopias do século XX foram geralmente negativas e temerosas do poder dos Estados frente aos indivíduos, uma clara reação produzida pelos totalitarismos. Mas o pensamento utópico saiu do gênero literário utopia[2].

A proposta de utopia veio pelas mãos da filosofia moral, associada à teoria social crítica e elas constituem, eminentemente, pensamentos ético-teleológicos. E todo pensamento que se apresente como teleo-

---

1. Livro cuja utopia libertário-estética teve seu reflexo corrigido em *Napoleão de Nothing Hill*, de Chesterton.

* William Morris, *News From Nowhere or an Epoch of Rest*. Escrito e publicado em folhetins durante os anos de 1890 (N. do T.).

2. De fato, o gênero utopia converteu-se em subgênero da ficção científica. Que se recorde, por exemplo a famosa tetralogia Dune, de Herbert, que serviu de inspiração para muitos sociólogos.

lógico identificará, em seus limites, ética e estética. É certo que em tempos pós-modernos a utopia não conduz a bons caminhos. A literatura apocalíptica tem mais cultivadores e o desastre ecológico lhe dá essa garantia. Mas nessa literatura unem-se o que estaria disposta a chamar de *transcendentais invertidos*: o mal, o feio, a mentira, a desagregação. A união de maldade e feiura é corrente no relato apocalíptico atual. Seres disformes, sociedades tirânicas etc. É o espelho negativo no qual se reflete uma necessidade fortemente sentida de identidade, a que o mundo não parece dar guarida e de cuja ausência se teme o pior no futuro.

A união entre ética e estética sempre foi mais frequente nos ideários filosóficos do que sua divergência. Concebidas como momentos de eternidade, uma e outra puderam prevalecer. Por exemplo, o momento ético-teleológico em Fichte; o momento estético em Schelling. Mas, normalmente, harmonizam-se em uma unidade superior que as torna idênticas. O Uno de Plotino possui muitas versões, seja a *theoria* em Aristóteles e Hegel, seja o Uno unificador nas filosofias cristãs, seja a futura *kalós-kai-agazía* prometeica.

O século XX e anterior, renegaram excessivamente o trato com os absolutos. Embora seja conveniente afirmar que não os conhecemos, não é indesejável dar-se um passeio por suas vizinhanças. E mais vale fazê-lo, sabendo o que se faz, do que dizer o que Kierkegaard e Machado* denunciaram: aqueles que dizem não ter deuses o fazem porque os possuem inapresentáveis. Os absolutos nos rondam como leões famintos; ou se lhes dá um lugar, ainda que seja a inanidade de que fala Zambrano, ou se apresentam em seu pior aspecto. Outras instâncias serão deificadas e poderão converter-se em absolutas, sendo isso mau e perigoso. Por exemplo, deificar o Estado, a etnia, a própria seita.

Estes são deuses inapresentáveis, com os quais o caráter sacro adquire sua face mais torpe. E sabemos das consequências ao admiti-los. São cruéis, produzem dor, crime e morte onde o culto lhes é rendido. Ainda que seja para apenas respeitar a humanidade que existe em nós e nos outros, convém deixar intocado o lugar do absoluto. Mesmo que os textos sagrados afirmem que somos progênie divina, não devemos concluir que somos ou fazemos coisas divinas. Pois não somos suficientemente apresentáveis.

Mas o fato de podermos imaginar um absoluto melhor do que nós não nos humilha, garante a nossa prudência. E a esse absoluto é que remetemos a identidade ético-estética.

Por último, ética e estética coincidem em nosso conceito de sublime. São idênticas na demonstração dos momentos supremos da

---

* Trata-se do poeta, dramaturgo e crítico de cultura Antonio Machado (1875-1939), um dos expoentes da chamada Geração de 98. Valcárcel refere-se aqui aos aforismos dos *Consejos, sentencias y donaires de Juan de Mairena y de su maestro Abel Martín*, entre os quais (e vários) se pode ler: "Aprende a duvidar, filho, e acabarás duvidando de tua própria dúvida. Dessa maneira Deus premia o cético e confunde o crente". (N. do T.)

virtude, quer dizer, nos exemplos. São produtoras do sublime. E a experiência do sublime é possível sem que se a possa confundir com um "estado mental".

O sublime, escreve Kant, inclusive "em um objeto informe, enquanto nele ou por seu intermédio se representa o ilimitado, ainda que também concebido como totalidade"[3], é uma sensação em que há seriedade, admiração e respeito. É uma satisfação negativa. O propriamente sublime afeta as ideias da razão, pois o sublime não tem medida, é uma magnitude igual a si mesma. "Sublime é aquilo que, se comparado, faz com que tudo o mais pareça pequeno". E mais adiante, precisa: "Sublime é o que, por ser apenas concebido, revela uma faculdade do espírito que ultrapassa todas as medidas dos sentidos. O poder de pensar um todo infinito é já o sublime. Atrai e repele. De novo, o céu estrelado e a lei moral. No sublime se reúnem os juízos ético e estético. É o único momento de necessidade do juízo estético".

Pascal o havia anunciado de outra maneira: o mundo me contém em si, mas, em pensamento, eu o contenho. Kant ajusta a ética-estética dessa contenção: "o sentimento moral é aparentado com a capacidade estética de julgar [. . .] enquanto pode servir para que a legalidade da ação procedente de um dever se faça representável ao mesmo tempo como estética, quer dizer, como sublime, e também como bela, sem nada perder de sua pureza"[4].

É tão sublime apreciar um exercício perfeito de virtude quanto entristecer-se por não encontrá-lo. Ninguém que seja plenamente um ser humano, ou alguma vez tenha sido, pode desconhecer ambos os movimentos do espírito".

A distância que constitui a tensão essencial ético-estética entre ser e dever-ser, sempre presente e inseparável de qualquer concepção moral, é sublime quando proposta intelectivamente. E ninguém pode renunciar a sugeri-la.

Croce afirmava, remendando o texto evangélico, que em nossa época "o gênio é legião", democrático e popular. Sem dúvida, a possibilidade de atuação moral por parte de todos e de cada um é o mais democrático dos gênios. A boa ação não só deve ser cumprida. Pode e deve ser admirada. Inclui raízes éticas e estéticas porque também o belo e o feio são predicados que as ações podem, com causa suficiente, receber.

---

3. *Crítica del Juicio*, Buenos Aires, Losada, 1961, p. 85
4. *Ibidem*, p. 110

FILOSOFIA NA ESTUDOS

Homo Ludens, Johan Huizinga (E004)
Gramatologia, Jacques Derrida (E016)
Filosofia da Nova Música, T. W. Adorno (E026)
Filosofia do Estilo, Gilles Geston Granger (E029)
Lógica do Sentido, Gilles Deleuze (E035)
O Lugar de Todos os Lugares, Evaldo Coutinho (E055)
História da Loucura, Michel Foucault (E061)
Teoria Crítica I, Max Horkheimer (E077)
A Artisticidade do Ser, Evaldo Coutinho (E097)
Dilthey: Um Conceito de Vida e uma Pedagogia, Maria Nazaré de C. P. Amaral (E102)
Tempo e Religião, Walter I. Rehfeld (E106)
Kósmos Noetós, Ivo Assad Ibri (E130)
História e Narração em Walter Benjamin, Jeanne Marie Gagnebin (E142)
Cabala: Novas Perspectivas, Moshe Idel (E154)
O Tempo Não-Reconciliado, Peter Pál Pelbart (E160)
Jesus, David Flusser (E176)
Avicena: A Viagem da Alma, Rosalie Helena de S. Pereira (E179)
Nas Sendas do Judaísmo, Walter I. Rehfeld (E198)
Cabala e Contra-História: Gershom Scholem, David Biale (E202)
Nietzsche e a Justiça, Eduardo Rezende Melo (E205)
Ética contra Estética, Amelia Valcárcel (E210)
O Umbral da Sombra, Nuccio Ordine (E218)
Ensaios Filosóficos, Walter I. Rehfeld (E246)
Filosofia do Judaísmo em Abraham Joshua Heschel, Glória Hazan (E250)
A Escritura e a Diferença, Jacques Derrida (E271)
Mística e Razão: Dialética no Pensamento Judaico, Alexandre Leone (E289)
A Simulação da Morte, Lúcio Vaz (E293)
Judeus Heterodoxos: Messianismo, Romantismo, Utopia, Michael Löwy (E298)
Estética da Contradição, João Ricardo Carneiro Moderno (E313)
Pessoa Humana e Singularidade em Edith Stein, Francesco Alfieri (E328)
Ética, Responsabilidade e Juízo em Hannah Arendt, Bethania Assy (E334)
Arqueologia da Política: Leitura da República Platônica, Paulo Butti de Lima (E338)
A Presença de Duns Escoto no Pensamento de Edith Stein: A Questão da Individualidade, Francesco Alfieri (E340)

Este livro foi impresso na cidade de Cotia,
nas oficinas da Meta Brasil,
para a Editora Perspectiva.